★★★ 동양철학에 대한 경솔한 편견을 날려버리고 기억해야할 지식만 엄격하고, 간결하게 남겼다.
_에반 오스노스, 내셔널 북어워드 수상작 《야망의 시대》저자

★★★ 매혹적이고 심오하며 반전으로 가득하다. 의미 있는 삶의 길을 알려준다.
_에이미 추아, 예일대 교수, 《타이거 마더》저자

★★★ 자아, 그리고 세상에 대한 상식을 깨고 흥미로운 대안을 제시한다. 돈을 내고 읽어볼 가치가 충분하다.
_영국 파이낸셜 타임즈

★★★ 지금까지의 자기계발 책들과는 정반대의 이야기. 지금 당신이 가진 모든 것이 가능성이 되는 방법을 제시한다.
_시카고 트리뷴

THE
PATH

THE PATH
더 패스

세상을 바라보는 혁신적 생각

마이클 푸엣, 크리스틴 그로스 로
이창신 옮김

김영사

THE PATH

세상을 바라보는 혁신적 생각

1판 1쇄 인쇄 2016. 10. 20.
1판 1쇄 발행 2016. 10. 27.

지은이 마이클 푸엣, 크리스틴 그로스 로
옮긴이 이창신

발행인 김강유
편집 박주란 | 디자인 조명이
발행처 김영사
등록 1979년 5월 17일(제406－2003－036호)
주소 경기도 파주시 문발로 197(문발동) 우편번호 10881
전화 마케팅부 031)955－3100, 편집부 031)955－3250 | 팩스 031)955－3111

값은 뒤표지에 있습니다.   ISBN 978-89-349-7608-0 03100

독자 의견 전화 031)955－3200
홈페이지 www.gimmyoung.com   카페 cafe.naver.com/gimmyoung
페이스북 facebook.com/gybooks   이메일 bestbook@gimmyoung.com

좋은 독자가 좋은 책을 만듭니다.
김영사는 독자 여러분의 의견에 항상 귀 기울이고 있습니다.

이 도서의 국립중앙도서관 출판시도서목록(CIP)은 서지정보유통지원시스템 홈페이지(http://seoji.nl.go.kr)와 국가자료공동목록시스템(http://www.nl.go.kr/kolisnet)에서 이용하실 수 있습니다. (CIP제어번호 : CIP2016023292)

JD, 수전, 데이비드, 메리, 브래넌, 코너, 메그에게
마이클 푸엣

벤저민, 대니얼, 미아, 애너벨에게
크리스틴 그로스 로

사람이 도道를 넓히는 것이지,
도道가 사람을 넓히는 것이 아니다.

공자, 《논어》

THE

PATH

들어가는 글

크리스틴 그로스 로

2013년 가을, 맑고 상쾌한 어느 날 아침 하버드대에서 중국 철학 수업을 참관했다. 주제가 난해한 수업이 이 대학에서 경제학 입문과 컴퓨터공학에 이어 세 번째로 인기 높은 강의가 된 이유에 대해 글을 써서 〈애틀랜틱The Atlantic〉에 기고하기 위해서였다.

40대 후반의 훤칠하고 활력 넘치는 마이클 푸엣Michael Puett 교수는 샌더스 극장에 모인 학생 700여 명 앞에서 신나게 강의를 진행했다. 청중을 사로잡은 이 유명한 강의는 어떤 원고도, 슬라이드도 없이 순전히 말로만 50분을 꽉 채웠다. 학생들은 별도의 과제 없이 공자孔子의 《논어論語》, 노자老子의 《도덕경道德經》, 맹자孟子의 여러 글 등을 번역한 자료만 읽으면 된다. 중국 역사나 철학에 관련한 사전 지식이나 흥미가 없어도 상관없다. 중국 철학자들의 이야기에 귀 기울일 준비만 갖추면 그만이다. 이 수업은 해마다 강의 첫날에 교수가 "이 글에 담긴 의미를 진지하게 받아들인다면 여러분의 인생이 바뀔 것입니다"라며 호언장담을 하는 것으로 유명하다.

나는 하버드대에서 동아시아 역사로 박사과정을 마쳤고, 대학원에 다닐 때는 학부생에게 중국 철학을 가르쳤다. 그래서 내게 중국 철학은 낯설지 않았다. 그런데 마이클 교수의 강의를 들은 날 이후 몇 주 동안 전에는 한 번도 경험하지 못한 방식으로 그 주제가 내 삶으로 들어왔다. 마이클 교수는 학생들에게 중국 철학자들의 생각을 이해하는 데 그치지 말고, 그것을 이용해 나와 내가 살고 있는 세상에 대한 생각을 근본적으로 바꿔보라고 주문했다.

마이클 교수는 세계를 돌며 많은 대학과 조직에서 중국 철학을 강의한다. 그가 강의를 마치면 항상 사람들이 찾아와 중국 철학을 인간관계나 사회생활, 가족의 갈등 같은 현실적인 문제와 삶 전반에 어떻게 적용할 수 있는지 묻는다. 이들은 좋은 삶, 의미 있는 삶을 산다는 게 무엇인지 이해하는 데 중국 철학이 신선한 관점을 제시한다는 것을 깨닫는다. 이제까지 옳다고 믿어왔던 것과 배치되는 관점이다.

바로 이 관점이 이제까지 많은 이들에게 긍정적인 영향을 미쳐왔다. 마이클의 수업을 들은 학생들은 중국 철학으로 자신들의 삶이 얼마나 바뀌었는지 들려주었다. 어떤 학생은 자신을 둘러싼 관계를 바라보는 방식이 바뀌었다며, 사소한 행위가 자신과 주변 사람 모두에게 어떤 파급 효과를 가져오는지 알게 되었다고 했다. 한 학생은 이렇게 설명했다. "마이클 푸엣 교수님 덕분에 주변 세상과 소통하는 법, 감정을 처리하는 법, 나와 타인 사이에서 전에는 느껴본 적 없는 차분함을 유지하는 새로운 방법에 눈뜨게 됐어요."

앞으로 어떤 일을 하든 자기 분야에서 훌륭한 지도자가 될 이 젊은이들은 중국 철학이 삶에서 중요한 결정을 대하는 자신의 태도를 어떻게 바꾸었는지, 인생의 궤도를 어떻게 바꾸었는지 말해주었다. 그들은 앞으로 금융가가 되든, 인류학자가 되든, 법률가가 되든, 의료인이 되든 중국 철학 덕분에 여느 사람들과는 다른 사고, 다른 세계관으로 삶의 목표와 무한한 가능성을 새롭게 바라볼 것이다. 한 학생은 이렇게 말했다.

"궁극의 목표를 세우고 꿈을 좇아 사다리를 올라간다는 식으로 마음먹기는 아주 쉬워요. 그 꿈이 어떤 지위나 위치든요. 하지만 중국 철학이 전하는 메시지는 아주 강렬해요. 삶의 방식을 바꾸면 전에는 상상도 하지 못한 가능성에 눈뜨게 되죠."

이런 변화를 이끌어낸 것은 중국 철학만이 아니다. 마이클 교수도 학생들에게 자극제가 된다. 그는 자상하고, 겸손하고, 학생의 발전을 위해 헌신하기로 유명하다. 수십 년간 중국 사상에 몰두하다 보니 생긴 특성이다. "교수님은 수업 내용을 100퍼센트 실천하는 분이에요." 한 학생의 말이다.

중국 철학의 어떤 점이 그것을 연구하는 사람들에게 이토록 큰 영향을 미치는 것일까? 중국 철학에는 '자아를 끌어안는다'거나 '자아를 찾는다' 또는 특정 지침에 따라 분명한 목표에 도달한다는 내용 따위는 없다. 오히려 그런 사고방식과는 정반대다. 중국 철학은 구체적이지도, 이래라저래라 하지도, 거창하지도 않다. 그보다는 상상하지도 못한 방식으로 밑바닥부터 변화할 것을 요구한다. 한 학생은 우리가 타고났다고 생각했던 것들이 사실은 그렇지 않다는 것을 깨달을 때, 얼마나 자유로워지는지 이렇게 설명했다. "습관을 바꾸고, 세상을 받아들이는 방식과 세상에 반응하는 방식, 타인과 소통하는 방식을 바꿀 수 있어요. 그 새로운 습관의 힘, '의식儀式'의 힘을 이용하면, 전에는 불가능하다고 여겼던 것도 성취할 수 있다는 생각을 하게 되죠."

우리는 오랫동안 엉터리 안경을 쓰고 세상을 보아온 탓에 중국 사상을 '전통' 세계와 분리할 수 없는 것, 따라서 오늘날의 우리 삶과는 무관한 것으로 생각하곤 한다. 그러나 여러 학생이 증명하듯 고대 중국 철학자들의 가르침은 우리가 당연하다고 여겨온 생각에 의문을 품게 한다. 사람들은 어떻게 타인과 관계를 맺고, 어떻게 결정을 내리고, 어떻게 삶의 기복에 대처하고, 어떻게 타인에게 영향을 미치고, 어떻게 삶을 살아가기로 결정하는가 등의 문제, 그러니까 세상과 마주하는 방식의 문제에서 중국 철학자들의 생각은 2,000년 전과 변함없이 오늘날에도 유효하다. 아니, 그 어느 때보다 더 절실하다.

마이클 교수와 나는 우리 모두가 그 사상에 공감할 수 있다고 생각했고, 그 믿음에서 이 책이 비롯되었다. 이 책에서 우리는 중국 철학자들의 가르침이 어떻게 우리 자신과 미래에 새로운 가능성을 열어주는지 보여주고자 한다.

공자. 맹자. 노자. 장자莊子. 순자荀子.

서양 독자라면 이 중 어떤 이름은 친숙하고 어떤 이름은 금시초문일 수도 있을 것이다. 이 중에는 전직 관료로서 평생토록 소수의 제자를 가르친 사람도 있다. 그리고 이곳저곳을 떠돌며 여러 지역 통치자에게 조언자 역할을 한 사람도 있다. 그런가 하면 후세에 신으로 여겨진 사람도 있다. 그러나 이들의 삶과 이들이 남긴 글은 오늘날의 우리에게 언뜻 모호하고 현대의 삶과 동떨어진 것처럼 보인다.

2,000년 전에 살았던 중국 철학자들이 삶의 기술에 관해 대

체 무엇을 가르쳐줄 수 있을까? 어쩌다 그들을 떠올리면 그저 조화니, 자연이니, 하며 점잖은 설교를 늘어놓는 조용한 현인이려니 생각하기 쉽다. 그러나 오늘날의 삶은 역동적이고 자유롭고 근대적이다. 우리의 가치, 관습, 기술, 그리고 각 문화별 사고방식은 모든 면에서 그때와 아주 딴판이다.

그런데 이들 철학자가 더 나은 사람이 되고, 더 나은 세상을 만들 수 있는 방법에 관해 우리 직관과 동떨어진 새로운 관점을 제시한다면 어떻게 하겠는가? 이들을 진지하게 받아들여 고대 중국 문헌에 담긴 놀라운 사상으로 우리 삶을 바꿀 수 있다면 어떨까?

바로 이것이 이 책의 핵심 주제다. 우리 시대의 문제와 대단히 유사한 문제에 대답했던 고대 중국 철학자들. 그들의 가르침은 좋은 삶을 살기 위해 고민하는 우리에게 새롭고 급진적인 관점을 제시한다.

내면을 들여다보고, 자아를 찾고, 삶을 어떤 방향으로 이끌어가야 할지 결정을 내릴 때, 우리 대부분은 자신의 판단이 옳다고 생각한다. 우리는 어떤 직업이 자신의 성격과 기질에 맞을지 고민한다. 또 어떤 사람이 나와 잘 어울릴지 생각한다. 그리고 진정한 자아, 운명과도 같은 직업, 영혼의 동반자를 찾으면 삶이 더없이 만족스러우리라 생각한다. 그리고 이 결정에 따라 진정한 자아를 가꾸고 행복과 부와 개인의 만족을 위한 계획을 실천하며 살아갈 것이다.

좋은 삶을 살아가는 방식에 관련된 이런 청사진은 알게 모르게 역사에 뿌리를 두고 있다. 특히 예정설, '선택된' 사람들, 개인이 실천할 계획을 설계하는 하느님 등을 이야기한 16세기 칼뱅 사상에 큰 영향을 받았다. 칼뱅주의자들은 공허하고 정형화되었다는 이유로 의식儀式을 거부하고, 대신 더 높은 신을 진심으로 믿을 것을 강조했다. 그러나 오늘날에는 더 이상 예정설이니 선택된 사람이니 하는 따위는 생각하지 않는다. 더러는 하느님도 관심 밖이다. 하지만 현재 우리 사고방식 중 상당 부분은 그와 같은 초기 신교도의 견해를 물려받아 형성되었다.

지금은 많은 사람이 '나를 잘 아는 사람은 나 자신이어야 한다'고 믿는다. 우리는 거짓이 아닌 참을 추구해야 하고, 진실에 충실해야 한다고 믿는다. 그리고 고귀한 신이 아니라 우리 내면에서 그 진실을 찾곤 한다. 그러면서 애초에 운명 지어진 자아를 발견해내고, 그에 따라 살아가려 한다.

그런데 삶의 질을 높인다고 믿어온 이러한 사고방식이 사실은 우리를 제약하고 있다면 어떨까?

우리는 철학이라고 하면 으레 추상적이고 일상에서는 써먹을 수도 없는 것이라고 생각한다. 그러나 이 책에 소개한 철학자들은 자신의 가르침을 구체적이고 일상적인 삶의 모습으로 설명하려 했고, 이것이 그들의 강점이다. 그들은 삶을 바꾸는 커다란 변화와 충만한 삶은 다름 아닌 일상에서 시작된다고 믿었다.

우리가 이 철학자들을 탐구하면서 바라는 점은 독자들이 이들의 사상을 받아들이고 그동안 자신이 진실이라고 여겼던 생각을 바꿔가는 것이다. 이들의 사상 중에는 직관적으로 이해되는 것도 있지만 그렇지 않은 것도 있다. 독자들이 이 책의 한 줄한 줄에 모두 공감하리라고는 기대하지 않는다. 그러나 우리와 사뭇 다른 사상을 만나보면 우리가 좋은 삶이라고 단정한 것이 사실은 여러 가능성 중 하나일 뿐임을 인식하게 된다. 그리고 일단 그 점을 인식하면 예전과 똑같은 삶으로 돌아가기란 불가능하다.

THE

P

현실 안주의 시대

역사를 바라보는 시각 중에는 통념이 된 것이 있다. 그 통념에 따르면 19세기까지 인간은 이른바 '전통 사회'에 살았다. 전통 사회에서는 항상 행동 지침에 따라 생활하라고 배운다. 사람들은 기존의 사회 구조 안에서 태어나고, 사회는 사람들의 삶을 결정한다. 농부로 태어나면 농부로 살고, 귀족으로 태어나면 귀족으로 산다. 어떤 집안에서 태어나느냐에 따라 돈과 권력을 얼마나 소유하는지도 결정된다. 태어나는 날부터 삶의 경로가 확정되는 것이다.

또 그 통념에 따르면, 19세기 유럽에서 마침내 이런 제약이 사라졌다. 사람들은 처음으로 개인은 누구나 이성적으로 생각할 수 있는 존재라는 사실을 깨달았다. 우리는 스스로 결정을 내리고 삶을 조절할 수 있다. 이성적 동물인 인간은 전에 없던 기회의 세상을 만들었다. 바로 이런 깨달음에서 근대가 탄생했다고 그 통념은 설명한다.

하지만 그렇게 제약을 깨뜨린 사회가 있는가 하면, 뒤처진 사회도 있다. 적어도 서양인은 그렇게 생각한다. 서양인 중 상당수가 고대 중국은 궁극적인 전통 사회를 대표한다고 생각한다. 계층화하고 질서 있는 세계에서 살기 위해 엄격하게 규정된 사회적 역할을 따라야 하는 사회다.

한마디로 배울 게 없는 사회가 분명하다.

물론 일반적 전통 사회, 특히 중국에 관한 글을 읽다 보면 그런 사회를 미화하는 부분도 눈에 띈다. 이를테면 오늘날 우리는 서로를 외면하며 살지만, 전통 사회 사람들은 자신을 우주와 조화를 이루며 사는 존재로 여겼다는 식이다. 우리는 자연계에서 떨어져 나와 자연을 통제하고 지배하려 하지만, 전통 사회 사람들은 자연의 이치에 맞춰 살려고 애썼다는 시각도 있다.

전통 사회를 바라보는 이런 감상적 시선 역시 배울 점은 없다. 이런 시선은 전통 사회를 향수를 불러일으키는 대상으로 바꿔놓을 뿐이다. 박물관에서 이집트 미라를 보며 신기하다고 생각할 수 있다. 고대 중국의 유물도 마찬가지다. 구경거리로는 흥미진진하지만, 그 유물로 대표되는 세계와 시대로 돌아갈 마음은 없다. 그곳에서 살거나 그 세계에서 교훈을 얻을 마음도 없다. 전근대적이기 때문이다. 결국 세상을 이해한 사람은 '우리'이지 그들이 아니잖은가.

그러나 이제 곧 다루겠지만, 전통 사회를 바라보는 이런 판에 박힌 시선은 상당수가 엉터리다. 과거에서 우리가 배울 점은 여전히 많다.

역사를 이런 식으로 바라보면 인간 존재의 상당 부분을 무의미하다고 무시할 위험이 있다. 그뿐만 아니라 오늘날의 지배적 사고만이 사람들의 손에 삶의 결정권을 쥐여주는 유일한 체계이며, 따라서 그것만이 옳다고 생각할 위험도 있다.

그러나 삶을 꾸려가는 인간의 방식을 바라보는 시각은 매우 다양하다. 그 점을 인식한다면 이른바 '근대적'이라는 것의 실체를 알 수 있다. 그것은 수많은 사고방식 중 특정 시간과 특정 공간에 해당하는 하나의 사고방식일 뿐이다. 따라서 그 밖에 다른 방식으로 생각하는 것도 얼마든지 가능하며, 이는 우리가 가장 소중히 여기는 믿음에 배치되는 사실이다.

우리는 어느 때보다 자유로운 시대에 살고 있다?

대부분은 우리가 조상과 달리 기본적으로 자유롭다고 생각한다. 우리는 19세기에 전통 세계와 결별하면서 마침내 세계를 어떻게 조직할지 스스로 결정하는 능력을 갖추게 되었다. 그리고 200년 동안 사회주의, 파시즘, 공산주의, 민주 자본주의 등 서로 다른 여러 이념과 씨름했다. 그러다가 이들 가운데 하나를 뺀 나머지 이념에 대한 신뢰가 추락하면서 마침내 '역사의 종말'을 맞이했다. 1989년 베를린 장벽이 무너지면서 신자유주의는 세계를 조직하는 올바른 체제로, 인간의 번영을 위한 최상의 체제로 완벽한 승리를 거둔 듯했다.

하지만 선진국에서 불거진 불행, 나르시시즘, 불안은 어떻게 설명할 수 있을까? 열심히 노력하면 성공할 수 있다고들 하지만, 빈부 격차는 더욱 크게 벌어지고 계층 간 이동 가능성 또한 점점 희박해지고 있다. 근사하고 인상적인 온갖 기계 장치로 삶을 영위하고 의학은 전례 없이 발전했지만, 환경과 인도적 문제는 심각한 수준이다. 그렇게 수십 년이 지나면서 우리의 위대한 낙관주의는 자취를 감추었다. 우리는 세상을 구축한 우리 방식에 더 이상 예전처럼 자신감을 느끼지 못한다.

그렇다면 이제까지 우리는 얼마나 세상을 이해했을까? 훗날 역사학자들은 이 시대를 번영과 평등과 자유와 행복의 시대로 회상할까? 아니면 21세기 초를 현실 안주의 시대, 다시 말해 불행하고 성취감을 느끼지 못한 시대, 위기가 점점 커지는 것을 목도하면서도 아무런 대응도 하지 못한 채 대안이 없다고 느낀 시대로 규정할까?

이 책에서 언급하는 중국 철학은 이런 '현실 안주의 시대'에 대안을 제시한다. 하지만 그것은 이를테면 민주주의를 대체할 만한 일관된 사상은 아니다. 그보다는 자아에 관한, 그리고 세상에서 자아의 위치에 관한 반직관적 개념이다. 아울러 그중 다수는 지배적 사고 체계의 틀에서 삶을 바라본 사상과는 정반대로 발전했다.

대략 기원전 600년에서 기원전 200년 사이 유라시아 전역에서는 철학 운동, 종교 운동이 폭발적으로 번져 인간의 번영에 관한 다양한 시각이 쏟아졌다. 이른바 '주축主軸시대Achsenzeit'라고 부르는 이 시기에 그리스에서 발전한 많은 사상이 중국에도 출현했고, 역으로 중국에서 발전한 많은 사상이 그리스에도 출현했다. 앞으로 살펴보겠지만, 오늘날 서양에서 흔히 볼 수 있는 것과 매우 비슷한 사고방식이 중국에도 나타났다. 그러나 당시 중국에서는 이런 사고방식이 설 자리를 잃고 그와 반대되는 사상이 출현해 좋은 삶에 이르는 매우 다른 길을 제시했다.

전통적 사상을 근대적 사상과 반대라고 여기는 것이 옳지 않듯 '중국식' 견해를 '서양식' 견해와 반대라고 여기는 것 역시 옳지 않다. 앞으로 이러한 개념을 살펴보면서 중국이 근대 훨씬 이전부터 세계를 조직하는 최선의 방법을 논의했을 뿐 아니라 좋은 삶을 살기 위한 진정한 대안을 제시했다는 사실을 알게 될 것이다.

우리 스스로 삶이 나아갈 방향을 결정할 수 있다?

서양에서 행복하게 잘 살기 위한 계획을 이야기할 때면, 꼼꼼히 계산하면 방법을 찾을 수 있으니 자신감을 가지라는 말, 이성에 의지하라는 말을 자주 듣는다. 우리는 삶의 불확실성에 직면했을 때, 감정과 편견을 버리고 경험을 측정 가능한 자료로 바꾸면 기회를 포착하고 운명에 저항할 수 있다고 믿으며 위안을 얻는다. 도덕적, 윤리적 딜레마를 다룰 때 가장 흔히 사용하는 방법을 생각해보자. 이때 우리는 대표적 상황을 가정하고 그것을 이성적으로 해결하려 한다.

유명한 전차 실험이 있다. 우리가 전차 역에 있고, 전차가 역으로 들어온다고 가정하자. 그런데 전차가 선로에 있는 다섯 사람을 치기 직전이다. 다행히 스위치를 당기면 노선을 바꿔 전차를 다른 선로로 보낼 수 있다. 그런데 다른 선로에는 한 사람이 누워 있다. 이때 전차가 다섯 명을 들이받게 놔두겠는가, 아니면 스위치를 당겨 그들을 구하고 한 명을 죽게 하겠는가?

'어떻게 해야 옳을까?' 철학자와 윤리학자들이 평생토록 골몰한 것은 바로 이런 문제다. 그리고 이것이 시사하는 내용을 주제로 많은 글이 쏟아져 나오고, 한두 권의 책이 출판되기도 했다. 그러나 이런 시나리오는 의사 결정을 단순히 자료의 집합이나 단일한 선택의 문제로 전락시킨다. 우리는 대개 의사 결정이 그런 식으로 이루어진다고 생각한다.

과거 중국에서도 이런 식의 사고 실험을 했다. 그러나 중국 철학자들은 우리만큼 흥미를 느끼지 않았다. 훌륭한 지적 게임이고, 하루 종일 여기에 매달릴 수도 있지만, 그것이 일상생활에는 어떤 영향도 미치지 못한다는 게 그들의 생각이었다.

자신은 삶을 이렇게 저렇게 살아가야 한다고 생각하는 것과 실제로 살아가는 방식은 다르다. 마찬가지로 자신은 이렇게 저렇게 결정을 내려야 한다고 생각하는 것과 실제로 결정을 내리는 방식은 다르다. 어느 날 우연히 역으로 들어오는 전차에 누군가가 치일 것 같은 순간을 목격했을 때 내가 보이는 반응은 이성적 계산과 아무런 상관이 없을 수 있다. 이런 상황에서는 감정과 본능이 압도적 힘을 발휘한다. 심지어 자신을 대단히 신중하고 이성적이라고 생각하는 사람도 감정과 본능에 좌우된다. 이를테면 저녁은 뭘 먹을지, 어디에서 살지, 누구와 결혼할지 등에 대해서도.

중국 철학자들은 이런 문제 해결 방식의 한계를 인식하고 대안을 찾았다. 이들이 생각한 답은 본능을 연마하고, 감정을 훈련하고, 꾸준히 자기를 수양해서 아주 중요한 순간이든, 평범한 순간이든, 각 상황에 맞게 도덕적이고 올바르게 대응하는 것이었다. 이런 대응은 주변 사람에게서도 긍정적인 반응을 이끌어낸다. 이처럼 모든 우연한 순간과 모든 경험이 더 나은 새로운 세상을 능동적으로 만들어갈 기회를 제공한다는 게 이들의 가르침이다.

우리의 참모습은 내면에 있다?

낡은 귀족 제도와 종교 제도가 무너진 주축시대에 사람들은 진실과 의미를 발견할 새로운 원천이 필요했다. 마찬가지로 우리 시대에도 사람들은 낡고 제한적인 사고방식을 벗어났다고 느껴, 의미를 발견할 새로운 원천을 찾는다. 그리고 그런 고차원적 진실은 내면에서 찾아야 한다는 이야기를 갈수록 자주 듣는다. 현실에서 자신의 잠재력을 실현한 사람들의 목표는 이제 내면의 진실에 따라 자아를 찾고 '진짜' 삶을 사는 것이다.

　이런 사고방식은 '진실'에 맞닥뜨리면 누구나 그것이 진실인지 알아본다고 생각한다는 점에서, 그리고 그 진실이라는 틀이 삶을 제한한다는 점에서 위험하다. 우리는 스스로 정의한 진실에 이처럼 모든 것을 쏟아부으면서 대단히 좁은 의미의 나, 그러니까 내가 생각하는 나의 장단점과 호불호를 기반으로 미래를 설계하는 위험을 무릅쓴다. 하지만 많은 중국 철학자들은 그런 사고방식으로는 자신의 잠재력에서 작은 부분밖에 볼 수 없다고 지적할 것이다.

　우리는 특정한 시간과 공간에서 몇 가지 제한된 감정적 기질만 포착해 그것으로 자신을 영원히 규정해버린다. 인간의 본성을 하나의 단단한 덩어리로 생각해, 잠재력을 간과하는 꼴이다.

　그러나 많은 중국 철학자는 자아는 통일된 하나가 아니며, 자신을 그렇게 생각해서도 안 된다고 주장할 것이다. 우리가 자신을 성깔 있는 사람으로, 걸핏하면 화를 내는 사람으로 생각한다고 가정해보자. 이제 곧 살펴볼 철학자들은 "나는 원래 그런 사람이야"라며 자신의 모습을 그대로 받아들여서는 안 된다고 주장할 것이다. 화를 잘 내는 것은 타고난 기질이 아닐 수도 있다.

어쩌다 보니 판에 박힌 틀, 즉 한 가지 행동 유형에 빠져들었고, 그래서 자신을 그런 사람이라고 규정한 것일 수도 있다. 사실은 화를 잘 내는 것만큼이나 상냥하고 너그러운 사람일 수도 있다.

이 철학가들은 우리는 모두 복잡하고 끊임없이 변하는 존재 임을 인정하라고 말할 것이다. 사람은 누구나 상충하는 여러 가 지 감정적 기질과 욕구를 지니고 있으며 세상에 반응하는 방식 도 때에 따라 달라진다. 감정적 기질은 '내부'를 들여다볼 때가 아니라 '외부'를 바라볼 때 발전한다. 감정적 기질은 세상을 멀 리한 채 명상하거나 휴가를 떠나는 식으로는 수양할 수 없다. 그것은 현실에서 일상적 행동을 하며 형성되고, 어떤 식으로 타 인과 상호작용을 하고 어떤 활동을 추구하는가에 따라 달라진 다. 다시 말해, 우리는 그저 정해진 누군가가 아니다. 우리는 언 제든 자신을 더 나은 사람으로 만들 수 있다.

물론 쉬운 일은 아니다. 우리의 행위 능력을 바라보는 사고방 식과 진정한 변화는 어떻게 일어나는지 고민하는 방식을 바꿔 야 한다. 빠른 시간에 실현 가능한 일도 아니다. 변화는 인내와 더불어 점진적으로 일어난다. 훈련을 통해 세상을 보는 관점을 넓힐 때 변화가 생기고, 이로써 내가 속한 관계, 알고 지내는 사람들, 직업, 그 밖의 생활환경 등 여러 요소가 어떻게 얽혀 있는지 이해할 수 있다. 이런 복잡한 관계가 다양한 상황을 만들고, 나와 주변 모든 것의 상호작용을 서서히 변화시킨다. 이처럼 관점이 넓어지면 점진적으로 진정한 변화를 이끌어내는 쪽으로 행동할 수 있다.

진정한 자유는 내면의 핵심에 있는 진정한 나를 발견하는 데서 비롯된다고들 이야기하지만, 그런 '발견'이야말로 '현실 안주의 시대'에 사는 많은 사람들을 가두는 덫이다. 우리 앞길에 그 누구도 아닌 우리 자신이 걸림돌이 된 셈이다.

◎

그렇다면 어떻게 살고 어떻게 세계를 조직해야 할지, 근본적으로 새로운 계획을 세워야 한다는 뜻일까? 이제 곧 살펴볼 철학자들은 이와 반대로 평범한 일상을 통해 자신의 사상을 설명한다. 그리고 위대한 변화는 거기서 시작된다고 주장한다. 우리도 그들처럼 이 책에서 일상의 많은 사례를 소개해 그들의 사상에 생기를 불어넣었다. 하지만 그들은 이런 설명을 이래라저래라 하는 조언으로 받아들이길 원치 않았으며, 그건 우리도 마찬가지다. 그들이 그런 사례를 제시한 것은 우리가 그중 상당수를 이미 실천하고 있지만 썩 잘 해내는 편은 아니라는 사실을 보여주기 위해서다. 삶의 이런 부분을 다시 생각해본다면, 그들의 사상이 얼마나 실용적이고 실천 가능한지 이해할 수 있을 것이다.

이 책의 제목은 중국 철학자들이 흔히 말하는 '도道'에서 따왔다. 도는 우리가 실천하려고 노력해야 하는 조화로운 '이상'이 아니다. 그보다는 선택을 하거나 행동을 할 때 또는 관계를 맺을 때 꾸준히 따라가야 하는 통로나 길을 의미한다. 우리는 살면서 매 순간 '길'을 새롭게 개척한다.

모든 철학자가 동의할 법한 통일된 하나의 길은 없다. 그들은 사회에서 통용되는 관습에 반하는 주장을 폈을 뿐 아니라 사람들이 각자의 길을 개척하는 방법에 관해서도 놀랄 정도로 서로 다른 견해를 제시했다. 하지만 그 길을 만드는 과정에서 나를 바꾸고 우리가 사는 세계를 바꿀 무한한 잠재력을 펼칠 수 있다는 사실에는 이견이 없었다.

철학의 시대

규모가 큰 박물관 아무 곳에나 들어가 보라. 그곳에는 수많은 '관'이 있다. 메소포타미아관, 고대 이집트관, 고대 그리스관, 로마제국관, 중세 유럽관, 근대 유럽관. 각 관에는 아름다운 공예품이 가득하고, 그곳을 차례로 돌아보면 문명의 발흥을 추적할 수 있다. 그런 다음 인도실, 중국실, 일본실 같은 작은 방으로 들어가 좀 더 작은 지역에 초점을 맞춘 전시를 관람할 수도 있다.

우리가 세계사를 배우는 방식도 그렇다. 요컨대 시간이 흐르면서 자체적으로 발전한 개별 문명을 통해 세계사를 이해하는 식이다.

그렇다면 다른 방식의 박물관을 상상해보자. 오직 시대별로만 분류해놓은 박물관이 있다면 어떨까? 여기서는 가령 하나의 '관'을 돌아다니며 로마의 데나리온 은화, 중국 한나라의 청동화, 인도 마우리아 왕조의 무늬 있는 동전을 볼 수 있다. 그러면 매우 멀리 떨어진 주요 문명지 세 곳이 거의 같은 시기에 놀랍도록 비슷한 변화를 겪었다는 사실을 단박에 알 수 있다. 세 곳 모두 비슷한 시기에 제국을 형성하고 화폐를 기반으로 경제를 운용했다.

그런가 하면 몇 세기 뒤의 초기 중세관으로 들어가 그리스도교, 이슬람교, 불교 등의 종교 유물과 건축물을 둘러볼 수도 있다. 이들은 세계의 주요 종교가 모두 같은 시기에 퍼져 중국, 인도, 지중해 지역을 연결하는 무역망을 따라 기반을 다졌다는 사실을 생생히 보여준다. 유럽과 아시아가 항상 연결된 채 교류했다는 사실을 생각하면, 이러한 유물은 역사가 어떻게 전개되었는지 좀 더 정확히 보여주는 그림이라 할 수 있다.

많은 사람이 세계화를 오로지 근대화의 산물이라고 생각한다. 기술과 항공 여행이 새 시대를 열어 그동안 단절되었던 사회가 마침내 서로 연결되었다는 생각이다. 그런데 정말 그렇다면, 아주 멀리 떨어져 살면서 완전히 다른 언어를 사용했던 공자, 소크라테스, 부처가 약 2,500년 전 거의 동시에 비슷한 철학적 질문을 던진 것은 어떻게 설명할 수 있을까? 혁신과 기술, 사상은 아주 오랜 세월 지구 전체를 가로질러 이동했다. 유라시아 내부의 역동적 긴장 관계와 움직임은 유라시아 역사 중 상당 부분을 규정해왔다. 공자, 소크라테스, 부처가 대단히 비슷한 사회 촉매제에 반응했다는 얘기다.

철학적 논쟁이 일어난 이유와 이들 철학자가 비슷한 문제에 주목한 이유를 이해하려면 그들이 살았고 그들의 사상이 발전했던 시끌벅적하고 활기찬 문화를 이해해야 한다.

과거와 결별하고 완전히 새로운 시대를 열었다고 생각한 것은 19세기 유럽인이 처음은 아니다. 비슷한 현상이 인류 역사 전반에 걸쳐 꾸준히 반복되었다. 이 가운데 두드러진 변화 하나가 기원전 1000년부터 약 1,000년간 유라시아 중앙에서 나타났다.

권력과 부를 세습하면서 3,000년 동안 유라시아를 지배한 청동기 귀족 사회가 무너지는 역사적 대변혁이 시작된 것이다. 이들 국가가 무너지면서, 그리스의 급진적 민주주의부터 중국의 중앙집권적 관료 체계와 법 체계에 이르기까지 새로운 형태의 정치 실험이 이루어졌다. 이 같은 새로운 국가 운영 체계는 사회이동을 촉발했다. 그리고 이 거대한 사회 변화의 한가운데에서 초기 귀족 문화에 뿌리를 둔 종교 제도도 같이 무너졌다.

그 결과 유라시아 전역에서 종교 운동과 철학 운동이 왕성하게 일어났다. 고대 그리스에서는 이 시기에 피타고라스학파와 오르페우스교뿐 아니라 소크라테스, 플라톤, 아리스토텔레스가 등장했다. 인도에서는 자이나교Jainism, 그리고 가장 중요한 불교가 출현했다. 중국에서는 이 책에서 곧 만나볼 공자, 맹자가 출현하고 기타 철학 운동과 종교 운동이 일어났다. 이 모두가 거의 동시대에 일어난 일이다. 그리고 다들 사회 질서가 무너질 때 나타나는 문제를 고민했다. '국가를 운영하는 최선의 방법은 무엇인가?', '모두에게 잘 살 기회가 돌아가는 제대로 된 세상을 건설할 방법은 무엇인가?', '어떻게 살아야 하는가?'. 요컨대 지금의 우리 시대와 크게 다르지 않은 고민이다.

주축시대는 기원전 마지막 세기에 유라시아 전역에 거대한 제국들이 형성될 때까지 지속되었다. 이들 제국에 대한 반응으로 기원후 첫 세기에 유라시아에서 일련의 구원 종교가 퍼졌다. 그리스도교, 마니교, 대승불교, 도교, 그리고 이후에 생긴 이슬람교가 그것이다. 그리고 불과 몇 세기 만에 유라시아의 많은 지역에서, 특히 유럽에서 여러 제국이 몰락하고 다시 귀족이 지배하는 사회가 도래하면서 이 시기의 철학적, 종교적 실험이 종말을 고한다.

주축시대에 일어난 사회 변화는 지리학적으로 드넓은 지역에서 놀랄 정도로 비슷한 발전을 이끌었다. 공자와 부처, 그리고 그리스 철학자들은 서로의 사상은커녕 서로의 존재를 알았다는 증거도 전혀 없다. 하지만 기원전 500년경 유라시아의 서로 다른 지역에서 일어난 이 같은 주요 철학 운동의 밑바탕에는 세계를 변화시켜야 한다는 생각이 공통적으로 자리하고 있었다.

청동기시대까지도 대다수 사람은 자기 삶의 궤적을 바꿀 자신의 능력을 알아차리지 못했다. 하지만 사회 이동이 활발해지면서 일부에게나 가능한 일이 사실은 모든 이에게 가능하고, 반 드시 그래야만 한다는 인식이 생겨났다.

동시에 사람들은 자신이 거대한 사회적 위기의 시기에 살고 있다는 것을 알았다. 이 시기의 특징으로는 특히 그리스, 인도 북부, 중국 화베이 평원(화북평원)에서 끊임없이 일어난 전쟁을 들 수 있다. 이들 지역은 훗날 주요 철학 운동과 종교 운동이 일 어난 곳이다. 이런 지역에서는 인간이 길을 잃었고, 기본적 예의 를 지키며 사는 데 필요한 행동 규범마저 저버렸다는 생각이 팽 배했다. 그리스 시인 헤시오도스Hesiodos는 당시 사회 분위기를 포착하며, 인간관계가 허물어진 시대에 살고 있다고 한탄했다. 아버지와 자식의 생각이 다르고, 자식은 나이 든 부모를 보살피 지 않으며, 형제는 서로 다투고, 사람들은 아무렇지 않게 폭력을 칭송했다.

종교 운동과 철학 운동이 출현한 시기는 바로 이런 사회적 위 기가 만연한 때였다. 이 중에는 사회에서 이탈해 폭력을 전면적 으로 거부하는 대안 공동체를 만들려는 사람도 많았다. 그런가 하면 현실 너머의 고차원적 세계를 지향하면서 몰락한 지구 상 의 세계를 초월할 것을 강조하는 사람들도 있었다.

화베이 평원에서 일어난 운동도 대안 세계 건설에 초점을 맞췄다. 그러나 이들이 구상한 해법은 사회에서 이탈하거나 더 높은 초월적 영역을 찾기보다 반복되는 일상에서 변화를 이끌어 내는 것이었다.

이처럼 평범한 일상에 주목한 데는 특별한 계기가 있었다. 화베이 평원에서는 청동기시대의 세습 사회가 몰락하고 혈연보다는 능력으로 지위에 오른, 귀족 바로 아래 계층인 지식인이 이끄는 새로운 국가 운영 형태가 생겨났다. 이 새로운 관료사회에서 한 자리를 차지하고 삶의 수준을 끌어올리기 위해 갈수록 많은 사람이 교육을 받으려 애썼다. 그들은 교육을 받을수록 당시 세계에 대한 불만이 커졌고, 지금과는 다르게 살 방법을 궁리하기 시작했다. 이 시기 중국에서 나타난 새로운 종교 운동과 철학 운동 중 대부분은 늘어나는 이들 지식층 사이에서 호응을 얻었다.

공자를 예로 들어보자. 이 위대한 철학자는 청동기시대 마지막 왕조인 주周 왕조가 쇠퇴하던 시기에 살았다. 막강한 귀족 가문인 주 왕조는 자신들이 천명을 받았다며 다른 주요 가문보다 우월한 지위를 주장했다. 과거 중국에서는 하늘을 신성한 존재로 여겼다. 하늘이 당대의 가장 고결한 혈통에, 그들이 계속 도덕성을 유지하는 한, 통치권을 부여한다고 믿었다. 막강한 귀족 혈통이 신권을 내세워 통치했던 19세기 이전의 유럽과 매우 비슷한 상황이다.

공자가 생존하던 때에는 이런 주요 귀족 가문이 세력을 잃기 시작했다. 주 왕조도 쇠퇴했지만 다른 가문도 마찬가지였다. 이제는 누구도 천명을 주장하며 나설 수 없었다.

이런 정치적 공백기에 공자 같은 인물이 두각을 나타냈다. 공자는 낮은 관직에 몇 번 올랐다가 이후에는 평생 제자를 가르치면서, 역시 그런 관직을 희망하는 새로운 세대에 집중했다.

오늘날 유교儒敎라고 하면 경직된 신분제, 엄격한 성별 구분, 바른 행동을 강조하는 보수적 성향 등 훗날 재해석된 공자의 가르침 일부에 기초한 이미지를 떠올리곤 한다. 그러나《논어》에 묘사된 공자는 누군가를 통제하려던 사람도, 일관된 사상을 만들려 했던 사람도 아니다. 오히려 반대로, 모든 사람이 잘 살 수 있는 세상을 만들려고 노력한 인물이다. 그런 세상은 지금 바로 여기서 주변 사람들과의 상호작용을 통해 이뤄져야 했다.

공자는 인간이 번영을 누린 위대한 시대는 그가 살았던 때보다 약 500년 전인 주나라 초기였다고 생각했다. 그는 이 시기를 스스로 도덕성을 수양한 사람들이 통치하면서 짧게나마 더 나은 세상을 만든 시대로 보았다. 공자 자신도 같은 가치를 추구했다. 요컨대 제자들이 행복하게 잘 살 수 있는 세상을 만들고자 했다. 그리고 자신의 제자 중 더 많은 사람이 행복을 영위할 수 있는 더 큰 사회 질서를 만드는 인물이 나오리라는 희망을 품었다.

이 책에서 소개할 철학자들은 모두 공자와 비슷하다. 다들 혼란스러운 과도기에 세상에 나왔다. 모두 자기가 사는 사회에 반대했고, 새로운 삶의 방식과 기존 방식을 활발히 고민했다. 그리고 사람들에겐 모두 똑같은 성장 잠재력이 있다고 굳게 믿었다.

이들은 훈련을 통해 매우 실용적이고 구체적인 사고를 키웠다. 그런 까닭에 사회에 의문을 품을 때도 추상적인 큰 문제에 집중하지 않았다. 그보다는 세상이 어쩌다 이렇게 되었으며, 그런 세상을 바꿀 방법은 무엇인지 질문했다. 이런 실용적인 질문을 던짐으로써 개인의 잠재력은 위대하고 훌륭하다는 고무적인 발견을 하기에 이르렀다.

관계에 대하여

공자 | 가상 의식

네 살짜리와 숨바꼭질만 해도 사람을 대하는 태도가 급격히 바뀔 수 있다고 하면 사람들은 쉽게 믿지 않을 것이다. 당연하다. 하지만 아이와 숨바꼭질을 하면서, 옷장 안에 쪼그려 앉아 아이가 쉽게 찾을 수 있도록 내 발을 옷장 밖으로 삐죽 내밀 때, 아이가 나를 발견하고 좋아서 까르르 웃을 때, 아이와 몇 번이고 숨바꼭질을 반복하며 열심히 놀 때, 나는 그저 가벼운 놀이에 집중하는 게 아니다. 나와 아이는 평소와 다른 역할을 맡아 어떤 의식을 진행하는 셈이다. 그것은 새로운 현실을 구축하는 의식이다.

상식과 반대되는 이야기처럼 들릴 수 있다. 보통 의식이라고 하면 정해진 행동 지침을 떠올리지, 역할 바꾸기나 새로운 현실 구축 등을 떠올리지 않는다. 그러나 공자에게서 비롯된 고전적 사고방식은 의식, 즉 예禮가 정확히 무엇을 할 수 있는지, 그 가능성에 관한 급진적이고 새로운 시각을 제시한다.

기원전 551~479년에 살았던 공자는 중국 전통 사회에 처음 등장한 위대한 철학자다. 그의 막강하고 지속적인 영향력은 거창한 사상이 아니라 거짓말처럼 단순한 사상에서 나온다. 나를 알고 타인과 원만한 관계를 유지하는 것에 대한 상식을 모두 뒤집는 사상이다.

공자가 죽은 후 제자들이 그와 관련된 대화와 이야기를 모아 엮은 《논어》의 10편에 나오는 한 구절을 보자.

"자리가 바르지 않으면 앉지 않으셨다."

또 이런 구절도 있다.

"식사를 하실 때는 말씀을 하지 않으셨다."

예상과는 딴판인가? 인류의 소중한 문헌이라고 하기에는 너무 평범한가?

위 구절은 특별히 예외적인 것이 아니다. 《논어》는 공자의 행동과 말에 관한 구체적이고 사소한 이야기로 가득하다. 우리는 공자가 팔꿈치를 얼마나 높이 들고 다니는지, 방에 들어갈 때 다른 사람한테 어떤 말을 하는지, 저녁에는 어떤 행동을 하는지도 아주 구체적으로 알 수 있다.

그런 내용에 무슨 철학적 의미가 있는지 의아할 수도 있다. 책장을 훌쩍 넘겨 공자가 한 심오한 말이 나오는 구절을 찾고 싶은 사람도 있을 것이다. 그러나 《논어》가 왜 위대한 철학서인지 이해하려면 공자가 식사 중에 어떻게 처신했는지 배워야 한다. 그리고 날마다 어떤 행동을 했는지도 알아야 한다. 이런 일상적 순간이 중요한 이유는, 이제 곧 살펴보겠지만, 그것을 통해 우리가 다른 인간, 더 나은 인간이 될 수 있기 때문이다.

이것은 철학에서 흔히 보는 사고방식은 아니다. 철학 수업을 듣거나, 철학서를 읽다 보면 대개 "우리에게 자유의지가 있는가?", "삶의 의미는 무엇인가?", "경험은 객관적인가?", "도덕성은 무엇인가?" 같은 거창한 질문을 곧장 마주할 확률이 높다.

그러나 공자는 제자를 가르칠 때 정반대 방법을 택했다. 거창한 철학적 질문으로 시작하기보다 기본적인, 가벼워 보이지만 사실은 심오한 질문을 던졌다.

"날마다 어떻게 살아가고 있는가?"

공자는 모든 걸 이 질문에서 시작했다. 가장 사소한 것을 묻는 질문이다. 그리고 거창하고 번잡스러운 질문과 달리, 누구나 대답할 수 있다.

분열된 세계

우리는 흔히 전통 사회 사람들은 조화로운 우주를 믿었으며, 우주가 사람들에게 어떻게 살아야 하는지, 어떤 사회적 역할에 충실해야 하는지 지시한다고 믿었으려니 생각한다. 서양인은 대부분 중국인을 그렇게 생각해왔다. 그러나 사실 많은 중국 철학자는 세상을 그와 사뭇 다르게, 무언가와 끊임없이 마주치는 분열되고 혼란스러운 곳으로 여겼다.

이런 세계관은 인간의 끝없는 상호작용을 비롯해 삶의 모든 부분은 감정의 지배를 받는다는 생각에서 나왔다. 최근에 발견된 기원전 4세기 문헌으로 '본성性은 천명命에서 나온다'는 뜻의 〈성자명출性自命出〉*은 이렇게 가르친다.

기쁘고, 화나고, 애통하고, 슬픈 기운은 본성이다. 그것은 밖으로 드러나는데, 이유인즉 끄집어내지기 때문이다.

모든 생물체는 무언가에 특정한 방식으로 반응하는 기질, 즉 성향이 있다. 꽃은 해를 향해 기우는 기질을 타고나고, 새와 나비는 꽃을 찾는 기질을 타고나듯 인간 역시 기질이 있다. 우리의 기질은 타인에게 감정적으로 반응하는 것이다.

우리가 얼마나 감정을 꾸준히 드러내는지는 스스로도 알아채지 못할 때가 많다. 감정은 우리가 무엇과 맞닥뜨리느냐에 따라 이리저리 흔들린다. 흥미로운 것을 경험하면 즐거움을 느끼

• 1933년 중국 후베이성(호북성) 곽정촌에서 발견된 초나라의 죽간竹簡, 대쪽에 쓴 글씨, 《곽점초간》에 포함되어 있다.

고, 무서운 것에 맞닥뜨리면 두려움을 느낀다. 치명적인 관계를 겪으면 절망에 빠지고, 동료와 언쟁을 벌이면 붉으락푸르락해지며, 친구와 경쟁하면 질투심이 생긴다. 우리는 특정한 감정을 타인보다 많이 느끼기도 하는데, 이러한 반응은 일정한 습관이 된다.

이것이 바로 삶이다. 매 순간 우리는 무언가에 맞닥뜨리고, 무수한 방식으로 반응하며, 감정에 따라 이리저리 휩쓸린다. 운동장에서 뛰노는 아이든, 거대한 국가의 지도자든 누구도 이 과정을 피해 갈 수 없다. 인간사 하나하나가 모두 우리가 경험하는 감정의 세계로 이루어진다. 인간의 삶이 이처럼 끝없이 서로 마주치고 수동적으로 반응하는 사람들로 이루어진다면, 우리는 여러 사건에 끊임없이 시달리는 분열된 세상에 사는 셈이다.

그렇다고 희망이 아주 없지는 않다. 이처럼 무언가와 끊임없이 맞닥뜨리는 와중에 반응 방식을 다듬고 작은 질서를 만들 수 있다. 〈성자명출〉은 우리가 가능한 한 감정情에 따라 반응하는 상태에서 옳게義 반응하는, 즉 더 나은 방식으로 반응하는 상태로 옮겨 가려 노력해야 한다고 주장한다.

오직 학습을 해야만 반응을 잘할 수 있다. (…) [삶에서] 처음에는 정情으로 반응하지만 마지막에는 의義로 반응한다.

의로 옮겨 간다는 것은 감정을 극복하거나 통제한다는 뜻이 아니다. 감정을 느끼기에 우리는 인간이다. 의를 개발한다는 것은 감정을 수양해 타인에게 반응하는 더 좋은 방법을 내면화한다는 뜻이다. 반응을 개선하는 법을 터득하면 즉각적인 감정 반응이 아니라 그동안 수양한 대로 사람들에게 반응할 수 있다. 우리는 이런 수양에 의식을 동원한다.

관습과 의식

우리는 대부분 일상생활에서 특정한 '의식'을 행한다. 이를테면 아침에 커피를 마신다거나, 가족끼리 저녁을 함께 먹는다거나, 금요일 밤에 데이트를 즐긴다거나, 잠자리에 들기 전 꼬맹이한테 목말을 태워준다거나 우리는 이런 순간이 삶을 지속하고, 삶에 의미를 부여하며, 서로를 사랑하는 사람으로 묶어준다고 여긴다.

공자도 이 모든 순간이 잠재적 의식이라는 데 동의할 것이다. 그러나 그는 우리가 무엇을 의식으로 여겨야 하는지, 왜 그런 것이 중요한지 자세히 설명했다.

사람들이 수없이 반복하는 단순한 행위를 생각해보자.

우연히 친구와 마주쳤다.

"웬일이야, 어떻게 지내?"

"잘 지내지. 너는 별일 없고?"

이 간단한 행위는 이야기가 본론으로 들어가기 전에 두 사람을 연결해준다.

동료가 내게 모르는 사람을 소개해줄 때도 마찬가지다.

"안녕하세요? 반갑습니다."

나는 그와 악수를 한 뒤 날씨라든가 주변 상황 또는 최근 소식으로 가벼운 이야기를 나눈다.

또는 마트에서 친한 친구와 마주칠 수도 있다. 이때 쇼핑 수레를 멈추고 반갑게 포옹한다.

"어떻게 지냈어? 애들은 잘 있고?"

그러곤 서로의 근황을 간단히 이야기하고 들뜬 기분으로 잠깐 대화를 나눈 다음, 헤어지기 전에 커피 한잔하자며 날짜를 잡는다.

우리는 사람들을 만날 때마다 매번 다른 인사를 하고, 다른 질문을 하고, 다른 말투로 이야기를 나눈다. 이런 행위는 모두 무의식적으로 나온다. 상대가 친한 친구인지, 그냥 아는 사람인지, 이제 막 만난 사람인지, 어머니인지, 시아버지나 장인인지, 직장 상사인지, 코치인지, 아이의 피아노 선생님인지에 따라 조금씩 다른 행동이나 말투, 단어 등을 구사한다. 상대에 따라 말하는 방식을 바꾸는 이유는 그것이 사회적으로 적절한 행동이라고 배웠기 때문이다. 늘 다른 사람을 만나고 다른 상황에 놓이기 때문에 우리 행동도 끊임없이 바뀐다.

물론 우리가 상황에 따라 인사말도 골라 쓰고, 말투도 달리 쓴다는 사실 정도야 어떤 철학자든 눈치챘을 것이다. 그러나 거기에 철학적 의미가 담겼다고 생각했을 법한 사람은 거의 없다.

이것이 바로 공자가 다른 철학자와 다른 점이다. 공자는 우리가 깨어 있는 시간 동안 그러한 행동을 한다면 바로 그 지점에서 철학을 시작해야 한다고 생각했다. 우리는 왜 그러한 행동을 하는지 자문해야 한다. 그런 사소한 행동은 관습이다. 즉 사회화의 결과로 행동에 옮기는 관례다. 그런데 적어도 이 가운데 일부는 의식, 즉 예가 될 수 있다. 공자는 예를 새롭고 도발적으로 정의했다.

◎

인간은 습관의 동물이다. 우리는 사소한 행위에 익숙해진다. 좁은 길에서 다른 사람이 지나가도록 한쪽으로 비켜선다든가, 면접 때 넥타이를 맨다든가 하는 것은 우리가 무의식적으로 하는 행위다.

심지어 무의식적으로 그런 행위를 해도 좋은 결과가 나온다. 기분이 가라앉았다 싶을 때 일부러 다른 사람에게 반갑게 인사를 하면 부정적인 감정의 고리를 끊을 수도 있다. 갈등이 있던 사람과 인사를 나누며 내면의 예의 바른 모습을 보여주면, 반복되는 일정한 의견 차이를 순간적이나마 좁힐 수 있다. 이런 짧은 순간을 통해 우리는 주변 사람과 다른 관계를 경험한다.

그러나 무작정 외워서 행동으로 옮기는 사회적 관습은 진정한 변화를 이끌어내는 의식이 되지 못한다. 더 나은 사람이 되는 데 큰 도움을 주지 못한다는 이야기다.

내가 바뀌려면, 평소 모습에서 탈피해 다른 모습을 개발해야 한다. 공자가 말하는 예, 즉 의식이 변화를 이끌어내는 이유는 잠시라도 우리를 다른 사람으로 만들기 때문이다. 예는 짧게 지속되는 또 하나의 현실을 만들고, 우리는 이 현실에 잠깐 머물다가 미세하게 바뀐 평범한 일상으로 돌아간다. 아주 잠깐 동안 가상 의식의 세계에 사는 셈이다.

가상 의식 세계

오래전 중국인의 생각에 따르면 인간은 상충하는 감정, 요동치는 기운, 무질서한 영혼 등 서로 모순되는 것들의 덩어리이며 평생 그 모순을 해결하려 애쓴다. 그러다가 죽음의 순간 가장 위험한 기氣가 빠져나와 산 사람을 괴롭힌다. 사랑하는 사람들은 살아 있는데 나만 세상을 떠난다는 분노의 기운이다. 중국인들은 세상이 죽은 자들의 영혼으로 가득하고, 죽은 자들은 살아남은 자들을 질투의 눈길로 바라본다고 생각했다. 죽음은 살아 있는 사람에게서 지독한 슬픔, 혼란, 설명할 길 없는 분노 같은 가장 나쁜 기운을 끄집어내기도 한다.

이 모든 부정적이고 통제할 수 없는 기운과 싸우기 위해 사람들은 예를 개발했고, 그런 이유로 예의 가장 중요한 부분은 조상 숭배였다. 예의 목적은 위험한 혼령을 너그러운 조상으로 바꾸는 것이다. 온 가족이 사당에 모여 불을 피우고 짐승의 고기, 특히 돼지고기를 청동 제기에 담아 익힌다. 가족은 혼령을 불러내 고기에서 올라오는 연기를 마시게 한다. 산 사람은 혼령에게 제물을 바침으로써 혼령을 인간화하고, 혼령이 다시 가족의 일원이 되어 너그러운 조상 역할을 하도록 설득하려 했다.

예가 끝나면 조상은 다시 성난 혼령으로 돌아가고, 따라서 예는 계속 되풀이된다.

《논어》에서 공자는 조상 숭배에 관한 질문을 받는다. 공자는 제례가 반드시 필요하지만 혼령이 제례에 오든 안 오든 상관없다고 말한다.

"우리는 마치 혼령이 있는 것처럼 제물을 바친다."

중요한 것은 사람들이 제례에 온전히 참석하는 것이다.

"제례에 참석하지 않으면 제물을 바치지 않는 것과 같다."

그런데 혼령이 꼭 참석할 필요가 없다면 왜 마치 혼령이 있는 것처럼 제례를 치를까?

이승에서 죽은 자와 산 자의 관계는 실제 삶의 인간관계처럼 불완전하고 어려웠다. 아버지는 엄격하고, 매정하고, 괴팍했을 수 있고, 자식들은 못되고 반항적이었을 수 있다. 이런 풀리지 않은 긴장 관계 속에서 아버지의 죽음은 살아 있는 사람을 더욱 고통스럽게 만들고, 일말의 화해 가능성마저 없애버린다. 그러니 제례를 잘 치르면 고통스러운 인간관계에서 벗어나 이상적인 관계를 형성하는 공간, 즉 제례의 공간, 의식의 공간을 만들 수 있다. 이 공간에서는 주위를 떠도는 혼령을 마치 산 자에게 예의 바르고 너그러운 조상처럼 간주한다. 그리고 산 사람은 마치 그 조상의 예의 바른 자손처럼 행동한다. 산 자와 죽은 자가 느끼던 화, 질투, 분노가 완화되어 훨씬 더 나은 관계로 바뀌는 순간이다.

공자에게 제례는 필수였다. 제례를 치르는 사람들에게 부여되는 제례의 의미 때문이다. 제례가 죽은 자에게 실제로 영향을 미치는지 여부를 묻는 것은 요점을 완전히 비켜 간 질문이다. 제물을 바치는 행위는 가족에게 반드시 필요하다. 마치 조상이 그곳에 있는 것처럼 행동함으로써 그들 내면에 변화가 일어나기 때문이다.

제례는 산 사람들 사이의 감정도 변화시킨다. 죽은 자는 남은 자들의 관계도 변화시키게 마련이다. 두 형제 사이에 오랫동안 잠복해 있던 어린 시절의 경쟁 심리가 다시 불타오르기도 하고, 제멋대로 굴던 아들이 갑자기 명목상 집안의 가장이 되어 식구들 사이에 불안감을 조성하기도 한다. 그러나 제례를 치르는 동안에는 마치 불화가 전혀 없는 것처럼 가족 구성원으로서 새로운 역할을 해낸다.

제례의 위력은 그것이 현실 세계와 얼마나 뚜렷이 구별되느냐에 달렸다. 예를 들어, 3대가 역할을 맞바꾼 제례를 떠올려보자. 손자는 세상을 떠난 할아버지 역할을 하고, 그 손자의 아버지는 아들 역할을 한다. 이로써 살아 있는 두 후손은 바깥세상에서 가장 긴장된 관계에 놓이곤 했던 사람의 입장이 된다.

이는 일종의 가상 세계다. 참가자들이 현실에서 맡을 수 있는 역할과 제례에서 맡은 역할을 혼동하는 일은 없다. 아버지는 아들이 되도록 훈련받지 않는다. 그러나 이 제례로 살아 있는 사람과 죽은 사람의 관계뿐 아니라 살아 있는 사람들의 관계도 새롭게 정립된다.

물론 제례는 끝나게 마련이다. 가족 구성원은 제례 공간에서 빠져나오는 순간 다시 복잡한 세상으로 돌아간다. 아슬아슬한 평화는 시간이 흐르면서 다시 깨진다. 형제들은 싸우고, 사촌들은 반항하고, 아버지와 아들은 여전히 사이가 안 좋다.

제례를 반복하는 이유도 그래서다. 아슬아슬한 평화는 사당을 떠나면서 곧 무너지겠지만, 제례를 반복하면서 가족 관계가 서서히 건강해지고, 이렇게 개선된 관계가 일상에서도 자주 드러난다.

제례는 사람들에게 실제 세계에서 어떻게 행동하라고 지시하지 않는다. 완벽한 질서를 갖춘 제례의 세계는 결점이 많은 실제 세계의 인간관계를 결코 대체할 수 없다. 그런데도 제례를 계속하는 이유는 참가자가 평소와 다른 역할을 하기 때문이다. 참가자가 새로운 관계를 시작하려면 이같이 현실과 '단절'되는 것이 중요하다. 아버지가 아들인 척하다 보면 아들을 이해하게 되고, 더 좋은 아버지, 더 좋은 사람이 된다.

짐승을 제물로 바치고 혼령을 달래는 행위는 21세기 삶과 동떨어져 보이지만, 제례의 가치만큼은 여전하다. 우리 역시 여러 혼령에 시달린다. 짜증 나게 만드는 친척과 원만하게 지내지 못한다. 그들 때문에 생긴 원한을 도저히 떨쳐낼 수 없을 것 같다. 과거를 잊을 수도 없다.

우리는 틀에 박힌 반응을 습관처럼 드러내곤 한다. 이런 반응은 인사를 하거나 뒷사람을 위해 문을 잡아주는 등 무의식중에 나오는 사회적 관습일 수 있다. 아니면 형제와 전화 통화를 하면서 징징댄다거나, 괴로울 때 욕구를 분명히 표현하기보다 조용해진다거나 하는 행동처럼 자신도 모르게 나오는 일상적 행위일 수도 있다. 어쨌거나 우리는 이런 행위를 계속 반복한다. 그런 정형화한 행위 중 어떤 것은 좋고, 어떤 것은 좋지 않다. 우리가 언제나 정형화한 자신에게 '충실하고' 그에 따라 행동한다면, 구태의연한 행동을 반복할 것이다. 결코 상대를 용서하는 법이 없고, 자신을 변화시킬 가능성도 제한할 것이다.

그러나 우리는 이런 정형화한 틀을 어떻게 깨는지 이미 알고 있다.

예를 들어, 친구 집에 갔을 때 우리는 외부인으로서 친구네 식구들의 일상적이고 사소한 행동을 목격한다. 일요일 아침에 팬케이크를 먹는다거나, 서로 끌어안으며 아침 인사를 나눈다거나. 이런 의식은 생소해서 더욱 눈에 띈다. 그런 낯선 행동을 목격하거나 거기에 동참할 때, 그동안 하지 않았던 생각을 하게 마련이다.

여행할 때도 일상에서 벗어나기 때문에 내 안의 새로운 모습을 드러낼 수 있다. 그리고 집에 돌아와서도 그런 변화의 여운을 느낀다.

그렇다면 이런 의식을 일상적으로 하지 않는 이유는 무엇일까? '진짜' 삶에서는 의도적으로 의식을 행하기가 어색하기 때문일지도 모른다.

그러나 이런 가상 의식의 순간은 놀라운 변화를 이끌어낸다.

네 살짜리 아이와 함께 하는 숨바꼭질로 돌아가 보자. 이 놀이가 어떻게 인간관계에 도움을 줄까? 숨바꼭질은 역할을 바꾸는 가상 의식이다. 평소에는 힘없는 아이가 놀이에서만큼은 어른을 찾아내고 막강한 힘을 갖는다. 반면에 어른은 숨을 곳을 찾지 못해 어쩔 줄 몰라 하는 힘없는 사람이 된다. 물론 아이가 어른을 찾을 수 있다는 걸 어른이 알고, 어른이 그걸 안다는 걸 아이도 안다. 하지만 숨바꼭질을 하는 동안에는 두 사람 모두 마치 아이가 어른을 이길 수 있다는 듯이 행동한다.

이런 역할 바꾸기는 일상의 정해진 틀을 깬다. 아이는 자기에게도 능력이 있다고 느끼고, 그런 느낌은 놀이가 끝난 뒤에도 이어진다. 평소 (적어도 아이의 눈에는) 전능하던 어른은 이제 실수를 연발하는 나약한 존재로 보인다. 어른은 실제로 허둥대는 사람이 되는 건 아니지만, 역할 바꾸기 덕에 아이는 다른 상황에서 발현할 수 있는 더 복잡한 자아를 개발한다. 이를테면 나약함, 친분, 경박함, 그리고 힘이나 권력에 지나치게 의존하지 않는 능력 등.

놀이를 하는 사람에게 가장 중요한 점은 지금 자신이 가짜 역할을 하고 있으며 자신의 다른 모습을 상상해야 하는 다른 현실에 들어와 있다는 걸 의식하는 것이다. 그것이 가능하다면, 숨바꼭질 같은 놀이는 더 즐겁고 존중하는 관계를 발전시킬 뿐 아니라 시간이 흐르면서 그런 순간이 쌓여 두 사람의 실제 모습에도 영향을 미친다. 이처럼 의식을 반복하다 보면 참가자에게 새로운 모습이 나타나고, 실제 삶에서도 서로의 관계를 개선할 수 있다.

가상 의식 As-If Rituals

왜 우리는 평소에 공손한 표현을 쓰고 고맙다는 말을 할까?

3세기 전만 해도 유럽의 사회와 사회적 관계는 여전히 전적으로 세습되는 계급으로 규정되었다. 농부가 귀족에게 말을 할 때면 특정한 존댓말을 써야 했고, 귀족이 농부에게 말을 할 때면 그와 전혀 다른 용어를 썼다.

그러다가 도시에 시장이 생기면서 여러 계층 사람들이 새로운 방식으로 교류하게 되었다. 판매자와 구매자는 실제로는 그렇지 않더라도 마치 서로 대등한 관계인 양 행동하는 의식이 발전했다. 공손한 표현이나 고마움을 나타내는 말을 주고받는 짧은 순간만큼은 양쪽이 겉으로나마 평등하다고 느꼈다.

지금의 우리도 가상 의식을 거행한다. 저녁 식사 시간을 상상해보자. 아이가 (또는 조카나 손주가) "소금 좀 줘"라고 말한다. 아이가 아주 어리면 아직 예절을 배우지 않아서 그럴 테니 "공손하게 말하려면 어떻게 해야지?"라거나 "어른한테는 어떻게 말해야지?"라고 물을 것이다. 아이가 바로 대답하지 못하면 한 번 더 묻는다. "어떻게 한다고?" 그러고는 아이가 "소금 주세요"라고 말할 때까지 계속 묻는다. 그리고 제대로 말하면 소금을 건네주고 "고맙습니다"라고 말하는 것까지 가르친다.

아이가 그런 가식을 강요하는 것은 말도 안 된다는 의사를 분명히 표시할 때조차 이런 행동을 가르치는 이유는 무엇일까? 이 순간은 아이가 자신과 동등한 존재에게 마치 무언가를 부탁하는 것처럼 행동하는 의식의 세계로 들어가는 기회다. 이는 특정한 방식으로 행동하라고 아이에게 주입식으로 명령하는 것이 아니라 같은 인간에게 무언가를 부탁하는 게 어떤 의미인지, 감사를 표시하는 게 어떤 의미인지 배우도록 훈련하는 과정이다.

이런 행위를 단순히 외워서 한다면 제대로 배운 것이라 할 수 없다. 물론 처음에는 외워서 행동한다. 사회화 과정을 통해 배우는 유사한 많은 행동이 처음에는 그렇게 시작된다. 그러나 계속 반복하다 보면 행동의 이유를 깨닫게 된다. 그리고 행동을 약간 변형하는 법도 배운다. 그러면서 공손한 표현이나 고마움을 나타내는 말을 쓸 때 사람들의 반응을 관찰하며, 그런 말로 충분한 때는 언제고, 다른 말을 쓰거나 어조 또는 표현을 바꾸면 더 효과적인 때는 언제인지 터득한다.

사실 아이들은 대부분 어른보다 의식을 직관적으로 더 잘 이해한다. 의식의 가치는 그것이 진짜가 아니라는 점에 있다는 사실도 깨닫는다. 상상 놀이를 하는 아이들을 생각해보자. 한 아이는 경찰이 되어 가게를 지키고, 다른 아이들은 강도가 된다. 강도가 된 아이들은 총을 마구 휘두르고, 쿠션 뒤에 숨고, 서로 총질을 해댄다. 아이들은 이런 총싸움을 어른들의 진짜 총싸움처럼 폭력적으로 생각하지 않는다. 아이들에게 총싸움은 현실과 분리된 놀이일 뿐이다. 아이들은 그 사실을 누구보다 잘 안다. 아이들이 놀이를 반복하는 이유는 원래 삶에서 벗어나 자신의 다른 면을 갈고닦을 수 있기 때문이다. 다시 말해, 이때 두려움과 불안감을 관리하는 법을 배우기도 하고, 구조원이나 영웅 역할을 터득하기도 하는데, 이 모두가 자기들이 만든 안전한 상황에서 이루어진다.

어릴 때 부모님이 들려주는 산타클로스 이야기 역시 가상 의식이다. 가족들은 산타가 장난감이 든 커다란 자루를 들고 굴뚝으로 내려온다는 현실을 만드는 데 동참한다. 크리스마스가 되기 몇 주 전부터 아이들은 편지를 쓰고, 갖고 싶은 선물 목록을 만들고, 착한 행동을 하려고 노력한다. 그리고 크리스마스 전날 산타를 위해 과자 한 접시와 우유 한 컵을 크리스마스트리 옆에 놓아둔다. 부모님과 언니, 오빠는 꾸며낸 이야기가 어린 동생들에게 계속 먹혀야 한다는 생각에 이런저런 수단을 동원하고 즐거운 분위기를 연출한다. 산타클로스가 실제로 있는지 없는지는 문제 되지 않는다. 중요한 것은 가족들의 행동이 좀 더 나은 쪽으로 변화하고 서로 더 가까워지는 것이다.

어린 시절에는 누구나 자연스럽게 가상 의식의 세계에 살지만 크면서 그런 삶을 조금씩 포기하고 좀 더 진짜에 가깝게 행동해야 한다고 믿는다. 그러나 어른의 삶에도 어느 정도 의식의 공간이 있다. 심리치료사 사무실을 생각해보라. 사람들은 고민을 토로하러 정해진 시간에 치료사 사무실을 찾아간다. 많은 사람이 이를 자신의 참모습을 발견하게끔 해주는 유용한 시간이라고 생각하지만, 공자의 관점에서 보면 이 치료의 가장 큰 장점은 의식의 공간을 만들어 바깥에서는 할 수 없는 가상의 역할을 하는 것이다. 우리 삶을 지배하는 정형화된 틀을 깨는 식으로 치료하는 것인데, 치료사와 환자가 소통하면서 타인과 관계 맺는 방식을 새롭게 정립한다.

그러나 치료사 사무실을 나오면 어쩔 수 없이 예전 삶으로 돌아간다. 그 때문에 치료사를 매주 찾아가거나 더러는 이런 치료를 여러 해 계속하면서 오래된 틀을 깨는 연습을 지속한다. 이렇게 반복하다 보면 새로운 소통 방법을 서서히 개발하고 마침내 예전과 사뭇 다른 훨씬 더 나은 자아로 성장한다.

우리는 진실이 가치 있다고 생각하지만 가까운 사람들끼리는 곧잘 선의의 거짓말로 새로운 현실을 만든다. "넌 정말 대단한 녀석이야." "조금도 걱정할 필요 없어." "당신처럼 훌륭한 요리사는 처음 봐요." 이런 말 중 가장 흔한 것은 "사랑해"다. 이 말을 습관적으로 하는 연인이라도 매 순간 진심으로 사랑한다고 보기는 어렵다. 더러는 상대에게 복잡한 감정도 느낄 것이다. 하지만 현실을 빠져나와 마치 서로를 매 순간 진짜 사랑하는 것처럼 행동하는 공간으로 들어가는 이런 의식으로 서로의 관계를 위해 노력한다면 그 효과는 매우 크다. 의례적으로라도 사랑을 표현하는 순간 두 사람은 정말로 사랑을 느낀다.

공자의 일상과 관련한 일화로 가득한 《논어》 10편을 보자. 공자는 물건을 깔끔하게 정돈하기를 좋아해서 앉을 자리도 반듯하게 매만졌다. 그뿐 아니라 함께 앉을 사람의 자리를 정돈하는 등 사소해 보이는 행동으로도 상대에게 깊은 인상을 줄 수 있다고 생각했다. 이 자리 정돈 의식을 현대에 대입하면, 일상적인 저녁 식사 시간에 적용할 수 있다. 우리는 식탁 매트를 깔거나 냅킨을 놓거나 촛불을 켜는 등 상을 차릴 때 규칙적인 일상에서 한 발짝 벗어나 나와 주위 사람들을 위한 또 하나의 현실을 창조한다. 그날 스트레스를 많이 받았어도, 많은 갈등이 있었어도 구태여 누군가가 나서서 "자, 이제 싸움은 그만하고 편히 쉴 시간이야"라고 선언할 필요조차 없다. 저녁상을 차리는 의식만으로 잠시 숨을 돌려 모두가 이전과는 다른 분위기를 느낀다.

그러나 우리가 이처럼 공자식 의식에 참여하는 순간은 예외적인 경우다. 우리는 '진짜'에 집착한 나머지 가상 의식을 치르는 일이 흔치 않다. 그런 행동을 하려면 어릴 때처럼 다른 사람 행세를 하며 노는 듯한 느낌이 든다. 하지만 공자라면, 이런저런 행위를 지시한다는 이유로 예의 실천을 거부하면서도 무의식중에 많은 사회 규범과 관습을 따르는 우리 모습은 앞뒤가 맞지 않는다고 지적할 것이다. 삶에 스며든 예의 가치를 알아보지 못하면 결국 그런 행위를 외워서 하게 되고, 그렇다면 로봇과 다를 바 없다.

더러는 이런 상황의 위험성을 알아보기도 한다. 그래서 몇몇 대학에서는 '거창한 질문을 던져라Ask Big Questions' 같은 운동을 벌여 학생들 스스로 입장을 정하고, 신뢰가 가는 분위기를 조성하고, 자신의 주장을 적절히 표현하도록 함으로써 (중동에서 어떻게 평화를 조성할 것인가와 같은) 대단히 격렬한 논쟁이 요란한 말싸움으로 전락하지 않도록 훈련한다. 이때 학생들은 인위적이고 꾸민 것처럼 보일 수도 있는 대화 의식을 배운다. 질문 던지는 법, 하던 일을 멈추고 경청하는 법, 방어적이고 경직되기보다 참여적이고 혁신적인 분위기를 이끌어내도록 말하는 법 등이다. 이런 식으로 가상 세계를 만들 분위기를 조성해 거칠고 감정적인 의견을 불쑥 내뱉는 등의 몸에 밴 정형화된 행동을 깨고, 타인에게 예의 바르게 행동하고 말할 수 있게 한다.

많은 사람이 예의 바른 행동을 외워서 실천하지만, 그런 단계를 넘어서면 어떤 일이 일어날까? 아이들이 공손한 표현과 고마움을 표시하는 말을 배울 때처럼, 그리고 대학생이 열린 마음으로 어떤 발상에 도전하기 위해 지금과는 다르게 행동하려고 노력할 때처럼, 우리도 현실을 대체하는 다른 현실의 가치, 기존 방식과 우리가 만든 작은 질서 사이의 긴장이 주는 가치를 알아볼 것이다. 그리고 타인과 더 나은 관계를 맺도록 평생 스스로 훈련할 것이다.

이는 의식이나 일반 변화를 대하는 방식치고는 낯설게 보일 수도 있다. 의식이라고 하면 보통 세례나 결혼식 또는 졸업식처럼 어떤 존재(죄 많은 생명, 독신, 학생)에서 다른 존재(신자, 배우자, 졸업생)로 옮겨 가는 예식을 떠올리기 쉽다. 이는 전후의 차이가 분명하고, 일정한 절차를 거쳐 확실하게 변신하는 의식이다.

그러나 공자는 사뭇 다른 변화를 제시한다. 원대하고 극적인 사건이 아니라 반복되는 사소한 순간에 초점을 맞춘 변화다. "사랑해"라고 말하는 순간을 비롯해 다양한 가상 의식은 수시로 사람들을 이어주는 계기를 만들어낸다. 이 과정을 통해 시간이 흐를수록 타인과의 관계는 서서히, 그러나 제법 극적으로 돈독해진다.

가변적 자아

가상 의식을 통해 다른 사람으로 변하려면, 그 전에 '진정한 자아'라는 사고방식부터 버려야 한다.

　'진실하라', '참을 추구하라', '자신의 참모습에 충실하라'. 오늘날 이런 구호는 자기 내면을 들여다보게 한다. 우리는 내가 누구인지 발견하기 위해 부단히 노력하고, 이렇게 찾아낸 모습을 기꺼이 받아들인다.

　그러나 이런 태도는 우리가 발견한 모습이 특정 시간과 공간에서 포착한 것일 뿐이라는 점에서 위험하다. 우리는 자기 계발서를 읽고, 곰곰이 생각하고, 일기를 쓰고, 그런 뒤 자신을 진단해 이런저런 사람이라고 규정한다. "나는 자유로운 영혼이야." "성급한 사람이야." "몽상가야." "사람들과 가까워지는 걸 두려워하는 사람이야." "어릴 때는 수없이 돌아다녔는데, 지금은 모르는 사람을 만나면 어쩔 줄 몰라." "사람들과의 관계가 잘 깨지는 이유는 아버지와의 냉랭한 관계 때문이야." 우리는 이런 정형화한 틀을 받아들여 고착화한다. 이런 식의 규정하기는 어릴 때부터 시작된다. "이 아이는 학구적이고, 저 아이는 신경질적이지." 이런 식의 꼬리표가 우리 행동과 결단을 좌우하고, 자기 충족적 예언으로 작용한다. 그러다 보니 너무나 많은 사람이 어느 날 문득 자신을 규정한 좁은 의미에 갇혔다는 느낌을 받는다.

서양인들이 진정한 자아라고 정의한 것은 사실 인간과 세계에 대한 지속적이고 유형화된 반응, 즉 오랜 세월 쌓아 올린 정형화한 모습이다. 예를 들어 어떤 사람은 자신을 '걸핏하면 짜증을 내는 부류'라고 생각할 것이다. 그런데 사실은 여러 해 동안 사람들과 소통한 방식 탓에 사소한 일에도 쉽게 짜증을 내는 부류가 '되었을' 가능성이 높다. 원래부터 그런 사람이라서가 아니다. 그러니 '진정한 자아'에 충실했다가는 괜히 감정이 격앙되는 나쁜 습관만 더 도드라지기 쉽다.

세상은 분열되었고 우리도 마찬가지라는 〈성자명출〉의 가르침을 기억하라. 인간은 통합된 하나의 자아이며 내면의 성찰로 자아를 발견할 수 있다는 생각 대신 인간은 감정, 기질, 욕망, 성격이 복잡하게 뒤엉킨 존재이며 그것들은 서로 다르게 또는 반대로 표출된다고 생각해보자. 이렇게 생각할 때 우리는 가변적 인간이 된다. 그리고 자신을 어느 한순간에 발견한 고정된 자아로 정의하는 위험을 피할 수 있다.

공자식 접근법은 자신을 정의해놓은 정형화된 틀에 주목한 뒤 그것을 적극적으로 바꾸는 방식이다. 그러다 보면 시간이 흐르면서 그 틀이 깨지는데, 이를테면 아버지가 정치에 관해 일장 연설을 늘어놓기 시작할 때 여느 때처럼 한숨이 나오려는 것을 참거나, 퇴근한 아내를 문 앞에서 항상 반갑게 맞이하다 보면 자신의 다른 모습이 드러날 수 있다. 이런 행동을 오래 반복하면, 즉흥적인 감정 반응에 이끌리지 않고 좀 더 건설적인 행동 방식을 내면화할 수 있다. 그러면서 차츰 나한테 이런 면이 있었나 싶은 새로운 모습을 발견하고, 좀 더 나은 사람으로 변신하기 시작한다.

◎

틀을 깨뜨리다 보면 다른 사람도 가변적이라는 것을 깨닫는다. 어머니와 자주 갈등을 겪는 사람을 생각해보자. 어머니는 내가 중요한 선택을 할 때마다 반대하고, 죄책감을 느끼게 할 의도로 악의적인 말을 한다. 어머니와 대화하는 걸 생각하기만 해도 좌절감이 들어 아예 입을 닫고 산다. 더 얘기해봤자 같은 말만 반복할 테고, 이제는 절망만 가득하다.

이런 경우 문제는 대개 자식이 무능하다거나 어머니가 걸핏하면 자식한테 죄책감을 느끼도록 하는 게 아니다. 진짜 문제는 의사소통이 정형화된 틀에 빠졌다는 것이다. 어머니는 늘 같은 이야기를 반복하고, 자식은 고집불통이다. 두 사람 다 이런 방식이 불편하지만 출구를 찾지 못한다.

여기서 출구는 서로가 틀에 박힌 소통 방식을 반복하지만 얼마든지 그 방식을 바꿀 수 있다는 사실을 깨닫는 것이다. 어머니는 결코 변하지 않는 정적인 사람이 아니라는 사실을 기억하라. 어머니는 다양한 모습이 존재하는 다면적인 사람이다. 말과 행동으로 어머니의 다른 모습을 이끌어낼 방법을 생각하라. 그리고 어머니의 다른 모습에 대고 말한다는 생각으로 행동하라. 어머니에게는 잔소리하고 스트레스를 주는 성향도 있지만, 마찬가지로 자식을 제대로 가르치고 싶은, 또는 최소한 가르친다는 '기분'을 느끼고 싶은 욕구도 있다. 말이나 억양을 어떻게 바꾸면 어머니의 그런 면에 호소할 수 있을까? 그렇게만 한다면 어머니가 기존과 다른 역할, 즉 자식을 보살피는 역할에 충실할 수 있다.

당장은 거부감이 생겨 항변할 수도 있다. "그건 진짜가 아니야. 내 본심은 그게 아니라고!" 어머니 말에 나부터 화가 나는데, 대체 내가 왜 어머니에게서 다른 모습을 끌어내 좀 더 너그러운 부모가 되도록 해야 하나 싶을 수도 있다. 하지만 이런 생각은 모두 '핵심적' 자아에 충실해야 한다는 오해에서 비롯한다. 우리는 늘 변한다. 어느 한순간 나타난 내 모습에 맞춰 행동하겠는가, 아니면 무수한 가능성을 인정하며 행동하겠는가?

자신에게서든, 타인에게서든 발굴해야 할 진정한 자아 따위는 없다. 심리학자이자 철학자 윌리엄 제임스William James, 1842~1910는 이렇게 썼다.

"한 인간에게는 그를 알아보는 사람 수만큼이나 많은 사회적 자아가 있다."

공자의 정서와 놀랍도록 닮은 말이다. 우리에겐 수많은 역할이 있고, 그것들은 곧잘 충돌한다. 그리고 그 많은 역할을 조정하는 방법에는 이렇다 할 기준도 없다. 이를 해결할 길은 오직 의식을 실행하는 것뿐이다.

우리 삶을 실질적으로 조종하는 것은 의식이 아닌 정형화된 행동과 암기한 습관이며, 이는 말로 타인을 배려할 때도 방해가 된다. 그러나 삶에서 이런 정형화된 틀을 깨는 가상 의식을 실행한다면 어떻게 주변 사람들에게 좋은 사람이 될 수 있는지 감지하는 능력이 생긴다. 바로 이 점이 중요하다. 이것이 인仁, 즉 어진 감정 또는 선한 감정이다.

인仁의 중요성

공자의 제자들은 스승에게 인이 무엇인지 자주 물었다. 공자는 상황에 따라 매번 다른 답을 내놓았을 것이다. 공자가 말하는 인은 추상적으로 정의할 수 있는 것이 아니기 때문이다. 인은 타인에게 제대로 반응하는 능력이고, 주변 사람에게 이롭도록 행동하며 그들의 좋은 면을 이끌어내는 감각을 발달시키는 것이다.

우리의 모든 행동은 인을 표현하거나 인에서 멀어지거나 둘

중 하나다. 누군가가 갑자기 방에 들이닥쳤을 때 분위기가 돌변하는 경험을 해본 적이 있을 것이다. 하지만 길을 걷고 있을 때 낯선 사람의 찌푸린 얼굴이 내게 어떤 영향을 주었는지는 눈치채지 못한다. 그가 얼굴을 찌푸리고 지나가면서 나도 모르게 내 기분에 영향을 주고, 거기서 다시 수많은 반응이 나왔을 수 있다. 단지 스쳐 지나간 찌푸린 표정 때문에 그날 하루 종일 기분이 달라진 사람은 나뿐만이 아니다. 나와 마주친 사람들도 내 영향을 받아 기분이 달라진다.

늘 하던 전형적인 행동을 살짝 비틀어보면, 우리가 타인에게 얼마나 많은 영향을 미치는지 알 수 있다. 이를테면 제일 친한 친구를 노려보거나, 승강기에서 만난 과묵한 사장님한테 들뜬 목소리로 인사하거나, 혼잡한 전철에서 옆에 자리가 났을 때 거기에 내 가방을 올려놓고 무슨 일이 일어나는지 살펴보라. 그다음에는 행동을 바꿔 모르는 사람을 위해 문을 열어주거나, 인간관계에 문제가 생긴 친구한테 문자를 보내거나, 빙판 위를 지나가는 할머니를 도와드려보자. 그리고 평소와 다른 이런 행동이 자신과 주변 사람에게 어떤 영향을 미치는지 주목해보자.

공자는 인을 정의하지 않을 것이다. 그보다는 수시로 변하는 여러 상황에서 인을 느끼며, 인을 드러내는 것이 어떤 의미인지 그때그때 이해해야 한다는 걸 제자들이 깨닫길 원했다. 우리는 누구나 인을 느낀다. 그리고 일단 인을 인식하면 인을 더욱 발전시킬 수 있다.

인 표현하기

어려운 시기를 보내고 있는 친구가 있다면 어떻게 돕겠는가?

이 질문에 큰 의미를 두지 않는 윤리학자도 많을 것이다. 윤리학자들은 좀 더 폭넓은 방식으로 합리적 계산이 가능한 포괄적 주제에 초점을 맞추곤 한다. 이들은 앞서 소개한 전차 실험처럼 복잡한 일상에서 완벽하게 추상화한 예시를 좋아한다. 그런 실험의 유일한 목적은 명확하게 정의된 문제를 합리적 고민으로 해결하는 것이다. 전차 실험처럼 단순하고 깔끔한 문제는 선로에 있는 다섯 사람 중 한 사람이 내 어머니라면, 또는 그 다섯 명이 모두 아이들이라면 우리 결정이 어떻게 달라질까 등 까다로운 상황이 발생할 여지를 남기지 않는다. 윤리학자들은 그런 요소에 영향을 받아 판단하는 사람은 합리적이지 않다고 말할 것이다. 그들이 보기에 그런 사람은 감정에 휘둘려 윤리적 판단을 그르치는 사람이다.

독일 철학자 이마누엘 칸트Immanuel Kant, 1724~1804도 비슷한 문제를 고민했다. 그는 누구에게도, 어떤 상황에서도 모두 통용되는 보편적인 법칙에 맞게 행동해야 한다고 주장했다.

이를 설명하기 위해 칸트는 다음과 같은 사고 실험을 제시했다. 죄 없는 사람이 당신 집에 숨어 있다. 그를 죽이려는 살인자가 대문을 두드리며 그자가 있느냐고 묻는다. 당신은 죄 없는 사람을 살리기 위해 거짓말을 해야 할까, 아니면 사실대로 말해야 할까?

칸트의 유명한 답에 따르면 항상 사실대로 말해야 한다. 거짓말을 하지 말라는 명령은 절대적이며 상황에 따라 바뀔 수 없다. 이 같은 칸트의 지적 연습의 핵심은 상황이라는 맥락을 무시하는 데 있다. 어떤 인간이라도 (칸트 자신도 인정한) 거짓말을 할 수밖에 없는 명백한 상황에서조차 여전히 거짓말을 해서는 안 된다.

순전히 칸트의 시각에서 보면, 어려움에 처한 친구를 어떻게 도와주느냐 하는 문제는 결코 윤리적 문제를 고민하는 유용한 출발점이 될 수 없다. 여기에는 혼란스러운 문제가 너무나 많이 얽혀 있다. 친구가 처한 어려움이 얼마나 복잡한지, 얼마나 속수무책이고 주변에 도울 사람이 나 말고 누가 더 있는지, 예전에는 위기에 어떻게 대처했는지, 현 상황과 관계 있는 모든 사람의 감정이 얼마나 상충하는지 등등.

그러나 공자의 관점에서 보면, 어려움에 처한 친구라는 시나리오야말로 윤리적 행동을 생각할 더없이 좋은 예다. 공자라면 죄 없는 사람을 구하기 위해서는 당연히 거짓말을 해야 한다고 말했을 것이다. '거짓말은 나쁘다'라는 보편적인 도덕적 명령이 아닌 전체 상황을 생각해야 하기 때문이다. 공자는 칸트가 이 상황에서 복잡하고 세밀한 모든 부분을 제거함으로써 사고 실험을 기본적으로 무의미하게 만들었다고 생각할 것이다.

행동을 좌우하는 추상적이고 보편적인 법칙을 만들려는 시도는 적절치 않을 뿐 아니라 위험하기까지 하다. 복잡한 상황을 헤쳐나가는 방법을 터득하는 데도 걸림돌이 되고, 인을 표현하는 방식을 이해하는 데도 방해가 된다.

공자는 어려움에 처한 친구를 도울 방법이 딱 하나 있다는 점을 상기시켰을 것이다. 상황을 예의 주시해 친구의 진짜 어려움이 무엇인지 이해하기. 모든 상황은 유일무이하며, 매 순간 바뀌게 마련이다. 간밤에 친구가 잠을 잘 잤는지부터 시작해 그가 자신의 어려움을 나와 공유하고자 했을 때 내가 대응한 방식에 이르기까지 모든 요소 하나하나가 상황 변화를 이끌어낸다. 상황을 읽고, 전체 맥락을 파악하고, 친구가 이런 특별한 순간에 맞닥뜨리게 된 여러 계기를 이해한다면 선의를 가지고 반응하는 데 유익하다. 그러면 지금 친구한테 간섭해줄 사람이 필요한지("넌 삶을 좀 정리해야 해!"), 차분하게 공감해줄 친구가 필요한지("거참 어렵게 됐네"), 조용히 차 한잔을 내주거나 세탁물을 찾아다주는 게 도움이 될지 알 수 있다.

　우리는 대부분 이런 것들을 어느 정도는 알고 있다. 하지만 공자의 시각에서 보면, 우리는 지금보다 더 잘할 수 있다. 무수한 역할과 감정과 시나리오를 감당해야 하는 복잡한 세상으로 나오면, 어떤 규범도 무엇을 하라고 정확히 말해주지 못한다는 것을 알 수 있다. 이때 유일한 규범은 인이다. 공자가 생각할 때, 인을 연마하고 표현하는 것은 윤리적 인간이 되는 유일한 길이다.

의식을 만들고 바꾸기

사람들은 공자에게 고정관념을 가지고 있다. 제자들에게 줄곧 사회 관습을 지키라 하고, 특정한 역할에 충실하게 살아야 한다고 다그치던 사람이러니 하는 생각이다. 하지만 공자의 가르침은 그와 정반대였다. 공자가 말하는 예를 행하고 인을 알게 되면 엄격함과는 거리가 먼 사람이 된다. 예는 한 가지 역할에 매몰되지 않게 한다. 그리고 예로 자신을 수양하면 언제 어떻게 그 예를 만들고 바꿔야 하는지도 터득할 수 있다.

〈성자명출〉에 따르면, 예는 바로 그런 식으로 생겨났다. 문명화 초기에 인간이 서로 부딪히면서 폭력적이거나 부정적인 상황이 생겨도 사회는 그럭저럭 잘 굴러갔다(물건을 무턱대고 잡아채기보다 달라고 부탁한다거나 힘들어하는 친구를 무시하기보다 도와주는 것과 같은 단순한 상황을 생각해보라). 사람들은 우연히 나타나는 긍정적 순간에 주목했고, 그것을 되풀이하기 시작했으며, 여기에서 예가 생겼다. 시간이 흐르면서 사람들은 여러 가지 예를 개발해, 서로에게 예의 바르게 행동하고 다음 세대에도 그렇게 행동하라고 가르치는 길잡이로 삼았다.

현재의 우리도 예, 즉 의식을 만들고 바꾼다. 방으로 들어갔더니 아내가 걱정스러운 표정을 짓고 있다고 생각해보자. 예전에는 그런 표정을 짓는 아내를 볼 때면 옆에 앉아 걱정거리를 말해보라고 토닥였다. 요컨대 아내한테 감정을 드러낼 기회를 만들어주는 게 기존의 의식이었다.

그런데 공자의 관점으로는 이러한 상황에서도 복잡함을 강조한다. 다시 말해, 지금 이 상황에서 아내에게 필요한 관심이 어떤 종류인지 파악해야 한다. 이를테면 지금은 여느 때와 달리 조용히 아내 곁에 있는 게 최선이라고 판단할 수도 있다. 지금 아내에게 가장 필요한 건 곁에 있으면서 안도감을 주는 것이라는 느낌이 들기 때문이다. 그렇다면 이때 새로운 의식을 만든 셈이다. 과거 두 사람이 행한 의식의 경험을 토대로, 아내에 대한 내 지식을 토대로, 지금의 상황 분석을 토대로, 새롭고 제법 의도적인 무언가를 시도한 것이다. 이 의식이 통하면 아내도 다르게 반응할 테고, 그럴 경우 이는 서서히 두 사람이 공유하는 의식이 된다. 기존 의식을 변형해 새 의식을 만든 것이다. 이로써 두 사람을 위한 새로운 현실을 만들고, 그 현실에서 더 나은 관계를 형성할 수 있다.

인을 꾸준히 드러내면 무엇을 얻을 수 있을까? 공자의 제자들도 가끔 비슷한 질문을 던졌다. 타인에게 선행을 베풀면 죽은 뒤 보상을 받느냐는 질문이었다. 공자의 답은 간단했다.

"아직 삶도 모르는데 어찌 죽음을 알겠느냐?"

공자의 대답은 사후 세계를 믿으라거나 믿지 말라는 얘기가 아니다. 그보다는 지금 여기서 주변 사람에게 최선을 다하는 데 집중하라는 말이다.

공자는 개인의 행복에 초점을 맞추지 않았지만, 더 나은 인간이 되려고 노력할 때 느끼는 깊은 행복감을 잘 알고 있었다. 자신을 설명해달라는 말에 공자는 이렇게 대답했다.

"열중하면 밥 먹는 것도 잊고, 즐거우면 근심도 잊고, 늙는 것조차 모르는 사람이다."

나를 수양해 더 나은 세상을 만든다

"나를 이기고 예로 돌아가는 것이 인을 행하는 방법이다."

공손한 표현과 고마움을 나타내는 말을 사용하게 된 의식의 역사를 기억해보라. 수세기 전에는 사소해 보였던 변화가 결국에는 위대한 발전에 한몫을 했다. 새롭게 발전하기 시작한 세상에서 사람들은 서로를 동등하게 대하는 게 어떤 것인지 상상하게 되었고, 그런 평등을 체험하게 되었다. 그리고 다시 세월이 흘러, 인간은 서로를 동등하게 대해야 한다는 믿음이 보편적으로 자리 잡았다.

◎

우리는 세상을 바꾸려면 크게 생각해야 한다고 믿는 경향이 있다. 공자도 이 생각에 이의를 제기하지는 않겠지만 아마 작은 것도 무시하지 말고, 공손하게 말하고 고맙다고 말하는 것도 잊지 말라고 이야기할 것이다. 행동을 바꾸기 전에는 변화가 일어나지 않는다. 그리고 작은 것에서 시작하지 않으면 사람들은 행동을 바꾸지 않는다.

공자는 오직 예로써 인을 닦을 수 있다고 가르쳤다. 그러나 인으로 삶을 이끌 때만 예를 언제 적용하고 어떻게 바꿀지 파악할 수 있다. 돌고 도는 말장난처럼 들리겠지만, 실제로 그렇다. 공자 사상이 심오한 이유 중 하나가 이런 순환 때문이다. 맥락을 초월하고 삶의 복잡성을 초월하는 윤리적 틀 따위는 없다. 우리에게 주어진 것은 정신없는 세상뿐이며, 그 안에서 노력하고 발전해야 한다. 일상적인 가상 의식은 새로운 현실을 상상하고 서서히 새로운 세상을 건설하는 수단이다. 우리 삶은 그런 일상에서 시작하고, 그런 일상에 머물러 있다. 오직 일상에서 진정 위대한 세상으로 바꾸는 변화를 시작할 수 있다.

결정에 대하여

맹자 | 변덕스러운 세상

ATH

누군가가 삶에 활기를 불어넣을 계획을 구상하는 장면을 상상해보자. 야심 찬 대학 졸업생이 취업을 준비할 수도 있고, 사적으로나 업무적으로나 위기에 빠진 중년이 위기에서 탈출할 계획을 세울 수도 있다. 아니면 지금 만나는 여자 친구와의 결혼을 결정하려 한다거나, 아이를 갖고 싶지만 바쁘게 맞벌이를 하면서 제대로 키울지 확신이 서지 않을 수도 있다. 어쨌거나 계획을 세우고 실천하려 하지만 산 넘어 산이다. 이력서를 수십 장 보내도 번번이 실패다. 여자 친구는 결혼하고 싶지 않다며 결별을 선언한다. 배우자와 상의하여 아이를 낳았지만 돌봐줄 사람이 없어 심각한 위기에 놓였다. 정말 열심히 계획을 세웠지만 예상치 못한 결과에 그저 참담할 뿐이다.

우리가 아는 철학자 한 사람도 이와 비슷한 경험을 했다. 갈등이 팽배했던 기원전 4세기 후반 전국시대戰國時代에 살았던 맹자는 마침내 유교의 가르침에 기초한 새 왕조를 열 적절한 때가 되었다고 생각했다. 이미 노년에 접어든 그였지만 여러 나라를 차례로 돌며 통치자와 대화를 나누었다. 자신을 기용해 자신의 가르침에 귀 기울이고 그것을 정치에 실현하도록 설득하기 위해서였다.

그렇게 여러 해가 흘러 제齊나라 왕이 맹자를 지위 높은 각료에 임명하고 많은 사람을 모아 그의 말을 듣게 했다. 그렇게 해서 이 나이 든 철학자가 평생에 걸쳐 기울인 노력이 결실을 맺는 듯했다. 훌륭한 왕 뒤에서 왕을 도와 평화로운 새 시대를 열 것만 같았다.

그러나 제나라 통치자는 맹자의 가르침에 관심이 없다는 사실이 금세 드러났다. 왕은 맹자를 속여 마치 그가 지시를 내린 것처럼 꾸미고는 이웃 나라와 전쟁을 일으켰다. 맹자는 그곳에서 자신의 역할이 끝났음을 통감했다. 왕은 침략을 미화하는 데 맹자를 이용했을 뿐 애초부터 그의 말을 들을 생각이 없었다. 맹자는 다른 통치자를 찾아 떠나기에는 너무 늦었고, 자신은 더 이상 훌륭한 통치자를 위한 철학자가 될 수 없으리라 판단했다. 그는 제나라를 떠나 고향으로 돌아갔다.

맹자는 지극히 인간적인 난관에 부딪혔다. 너무나 실망스러운 일들이 벌어지면서 그가 매우 신중하게 세웠던 계획이 산산조각 났다. 그는 운명을 맹비난했다. 그리고 하늘을 원망했다.

하지만 이때 겪은 어려움이 그의 철학을 더욱 발전시켰다. 맹자라면 우리가 삶을 계획하면서 진실이라 믿는 것이 모순적이게도 우리를 구속한다고 주장할 것이다.

우리가 살고 있는 이 세계를 일관되고 안정된 곳이라고 생각하는지, 아니면 맹자의 가르침처럼 예측할 수 없는 변덕스러운 곳이라고 생각하는지에 따라 우리가 어떻게 살아가고 어떤 결정을 내릴지 좌우된다. 세계를 질서 정연하고 공정하다고 생각하지 않는다면, 삶의 계획이란 곧 어떻게 성공할지 고민하는 것이라는 생각하지 않는다면, 과연 어떻게 좋은 삶을 살아갈 수 있단 말인가? 우리가 변덕스러운 세계에 살고 있다면, 어떻게 계획을 세우고 어떻게 결정을 내릴 수 있단 말인가?

일관된 세계와 변덕스러운 세계

우리는 보통 삶을 계획할 때 미래는 예상 가능하다고 단정한다. 물론 삶은 한순간에 변할 수 있으며 어떤 것도 확신할 수 없다는 생각에 때로 동의하는 척하기도 한다. 그러나 예상한 결과가 나오지 않으면 여전히 깜짝 놀라곤 한다. 삶을 어떻게 살아야 하는지 생각할 때마다 우리는 마치 세계는 일관되고 거기에는 우리가 기댈 안정된 요소가 있다고 믿는 경향이 있고, 그런 생각이 결정에 영향을 미치기 때문이다.

맹자와 동시대 사람인 묵자墨子가 그런 세계관을 가지고 있었다. 변변찮은 집안에서 태어나 오로지 혼자 세상을 헤쳐나가야 했던 묵자는 결속력 강한 종교 공동체를 만들었고, 그의 철학 저술에는 열심히 노력하면 누구나 잘 사는 공정한 사회에 대한 열망이 담겨 있다.

묵자도 공자처럼 사회가 풍요로운 삶을 실현하는 데 실패하고 있다고 생각했다. 아울러 그 역시 윤리적으로 더 나은 인간이 되도록 사람들을 격려해야 한다고 생각했다. 그러나 유학자들과 달리 묵자와 그의 추종자들(묵가)은 예가 선한 사람이 되는 수단이라는 생각에 반대했다. 이들은 예를 무시했다. 예는 의미 없는 형식이며 사람들을 진짜 중요한 문제에 집중하지 못하도록 하는 시간 낭비일 뿐이라고 주장했다. 이들이 정말로 중요하게 생각한 것은 진실한 믿음이었다. 여기서 믿음은 세상을 창조했다는 신, 즉 하늘天에 대한 믿음이다.

묵자와 그의 추종자들에게 하늘은 옳음과 그름의 명확한 지침을 알려주는 도덕적 신이었다. 좋은 삶을 살고 싶은 사람은 이 지침을 따라야 했다. 지침을 따르면 보상을 받을 것이고, 따르지 않으면 벌을 받을 것이다. 당시 묵자는 사람들이 그 지침을 따르지 않아서 부도덕, 사회적 타락, 정치적 격동이 발생한다고 생각했다. 묵가는 하늘의 도덕률을 본뜬 사회 재건을 꿈꿨다. 또 공정하고 도덕적인 법규가 우주를 지탱한다는 믿음을 전파하면 사람들이 윤리적으로 행동하지 않을 수 없고, 따라서 더 나은 사회가 될 것이라고 생각했다.

진실한 믿음, 예에 대한 의심, 선한 신이 창조한 일관되고 예상 가능한 세계에 대한 헌신을 강조한 묵가는 많은 점에서 초기 프로테스탄트와 닮았다.

오늘날 서양 사람들이 당연하게 여기는 많은 믿음은 프로테스탄트 사상에 뿌리를 두고 있다. 우리는 여전히 하느님을 믿을 수도, 안 믿을 수도 있지만, 프로테스탄트의 기본적 사고 틀에서 벗어나지 못한다. 즉 우리는 안정된 세계에 사는 안정된 자아 다. 우리는 합리적 선택을 하는 행위자로서 우리에게 이로운 것 과 해로운 것을 계산해 행동해야 한다. 우리가 내면을 들여다보 고 내가 누구인지 알아내 풍요롭게 살아갈 계획을 세우고 열심 히 노력해 그 계획을 실천한다면, 마땅히 누려야 할 번영을 누 리며 성장할 것이다. 한마디로 우리는 묵가인 셈이다.

더욱이 공자는 인을 추상적으로 묘사할 수 없는, 그때그때 처 한 상황에 따라 다르게 이해해야 하는 것으로 여겼지만, 묵자의 생각은 달랐다. 그는 대다수 사람에게 이로운 것은 무엇이든 인 이라고 생각했다. 또 사람들이 가장 가까운 이들에 대해 어떻게 느끼는지는 중요하지 않다고 선언했다. 사랑에는 정도의 차이 가 없기 때문이다. 남녀는 모든 사람을 평등하게 좋아하려고 노 력해야 한다. 4세기 뒤에 예수도 비슷한 선善을 설교하며 네 이 웃을 사랑하라, 네 원수를 사랑하라, 누가 뺨을 때리거든 다른 뺨을 돌려 대라고 했다. 그리고 오늘날 우리는 자선단체에 기부 하고, 봉사활동을 하고, 불행한 사람들을 돌보라는 이야기를 들는다.

물론 묵자도 윤리적으로 태어나는 사람은 없으며, 감정과 이기적 욕구가 우리를 방해한다는 점을 인정했다. 그는 사회가 사람들을 조금씩 올바른 행동으로 이끌어야 한다고 생각했다. 그러려면 마땅히 해야 할 행동을 한 사람에게는 보상(성공, 돈, 명예)을 하고, 해서는 안 될 행동을 한 사람에게는 벌(실패, 좌천, 벌금)을 주는 식의 동기부여가 필요하다. 세상에는 옳음과 그름의 분명한 기준이 있어 열심히 노력하면 보상을 받고 나쁜 행동을 하면 벌을 받는다는 믿음이 있을 때, 사람들은 타고난 감정을 따르기보다 좋은 사람이 되려 노력하게 마련이다. 묵자는 일단 올바른 체계를 정립하면 모두에게 이익이 돌아가는 사회, 모든 사람을 두루 똑같이 사랑하는 사회가 되어 그가 말한 '겸애兼愛'의 세상이 펼쳐지리라고 확신했다.

◎

맹자는 이 모든 점에서 묵자와 생각이 전혀 달랐다. 묵자의 입장은 언뜻 애매모호해 보이기도 한다. 열심히 노력하면 잘 살 수 있고, 옳음과 그름을 가릴 믿을 만한 기준이 있고, 모두가 평등하게 사랑받는 공정한 세상을 대체 어떻게 반박할 수 있겠는가?

그러나 맹자는 공자의 사상에 뿌리를 둔 매우 다른 세계관을 가지고 있었다. 그는 세계는 쉽게 변한다고 생각했다. 열심히 노력해도 잘 산다는 보장은 없다. 나쁜 행동을 하면 벌받는다는 보장도 없다. 확실한 것은 아무것도 없다. 세상에는 우리가 의지할 수 있는, 안정되고 대단한 일관성 따위는 없다. 맹자는 세상은 분열되고 영원히 무질서하며 인간의 손길이 꾸준히 필요하다고 믿었다. 아울러 안정된 것은 없다는 사실을 이해할 때만 모든 가능성을 열어둔 채 결정을 내리고 삶을 살아갈 수 있다.

이는 불안정한 사고방식이며, 맹자 자신도 그 사실을 힘들게 받아들였다는 것을 우리는 잘 안다. 맹자는 생애와 성격이 비교적 잘 알려진 철학자다. 맹자 사후에 제자들이 그의 가르침을 엮어 만든 《맹자孟子》는 맹자를 대단히 인간적으로 묘사한 사소한 이야기, 대화, 일화로 가득하다. 《맹자》가 매력적인 이유도 그 때문이다. 이 책은 매우 복잡하면서도 실수도 곧잘 하는 사람의 모습을 보여준다. 맹자는 평온한 부처도 아니고, 사심 없는 예수도 아니다. 차분하고 너그러운 현인과는 거리가 먼, 똑똑하고, 변덕스럽고, 의지가 확고하고, 거만하고, 복잡한 인물이라는 인상을 준다. 인을 이루려고 안간힘을 쓰는 사람, 더러는 자신의 철학에도 부응하지 못하는 사람이다.

세계는 인간이 끊임없이 짜 맞춰가는 곳이라고 생각한 맹자는 묵자의 사상이 특히 위험하다고 여겼다. 묵자의 사상으로는 조화로운 사회와 겸애를 이룰 수 없다고 생각했다. 그런 사상으로는 기껏해야 보상을 받고 벌을 피하려면 이런저런 행동을 해야 한다고 길든 조건반사적 세계를 만들 수 있을 뿐이다. 그런 세계에서는 사람들은 '원하는 것을 얻으려면 어떻게 행동해야 할까?'라는 식으로 순전히 자기 이익만 따져 행동한다.

사실 맹자는 보상과 벌이라는 일관된 체계가 있다고 생각하지 '말아야' 윤리적 인간이 될 수 있다고 믿었다. 그런 체계가 있다고 믿으면 더 나은 사람이 되려고 노력하기보다 이익만 얻으려고 행동할 것이다. 완벽한 겸애의 세상을 만들려는 묵자의 원대한 사회적 이상이 모순적이게도 사리 추구로 가득한 세상을 만들 수 있었다.

맹자는 그렇게 계산적으로 인간의 행동을 조정하면 감정과 인지적 사고를 분리하는 결과를 초래할 수 있다고 걱정했다. 현실적으로 어떻게 모르는 아이를 내 아이와 똑같이 사랑할 수 있 겠는가? 이런 상황에서 감정을 배제하는 것이 정확히 묵자 사상의 핵심이다. 요컨대 이성으로 선과 악을 판단하고, 일시적인 변덕과 욕망을 없애야 한다. 그러나 맹자는 좋은 사람이 될 수 있는 이유는 감정을 배제하기보다 감정에 의지하고 부지런히 수양하기 때문이라고 생각했다. 어떤 상황에서든 무엇이 옳은 지, 어떤 결정이 옳은지 파악할 수 있는 것도 바로 그 때문이다.

묵자와 맹자의 이런 철학적 차이는 세상은 일관되다는 관점과 세상은 변덕스럽다는 관점의 차이에서 비롯된다. 한쪽은 세상에는 보편적으로 적용할 수 있는 규칙이 있다는 믿음으로 행동하는 사람이고, 다른 쪽은 세상은 절대 믿을 수 없다고 생각해 사소한 행동에서부터 자기를 수양하고 주변 관계에 힘쓰며 세계를 끊임없이 새롭게 구축해가는 사람이다.

우리는 어떻게 결정을 내리는가

잘 인식하지 못하지만 현대를 사는 우리도 결정을 내릴 때 세상을 일관되다고 보느냐 변덕스럽다고 보느냐에 영향을 받는다. 우리는 대부분 묵자처럼 세상은 일관되다고 생각한다. 세상일이 항상 계획대로 되지 않는다는 것을 잘 알면서도 세상은 보편적인 방식에 따라 돌아간다고 단정하는 경향이 있다. 열심히 공부하면 성적이 오를 것이라든가, 학벌이 좋으면 좋은 직업을 얻을 것이라든가, 천생연분을 만나 결혼하면 평생 행복하게 살 것이라든가 등등.

우리가 결정을 내릴 때 흔히 의존하는 두 가지 모델이 있는데, 둘 다 세상은 어느 정도 안정적이라는 생각에 근거한다.

하나는 '합리적 선택' 모델이다. 우리는 논리적 결정을 내릴 능력이 있는 합리적 인간이다. 우리는 방대한 조사를 하고, 찬성과 반대 목록을 만들고, 최고의 결과를 내기 위해 위험과 이익을 저울질한다. 어떤 수업을 들을지, 대학원에 갈지 말지, 먼 도시에서 일자리 제의를 받았는데 받아들여야 할지 등을 심사숙고한다.

우리가 좋아하는 또 하나의 모델은 '직감'이다. 옳다고 느끼는 직관에 의지해 결정하는 경우다. 이를테면 어디서 저녁을 먹을지, 다음 휴가는 어디로 떠날지, 거실에 놓을 긴 의자는 어떤 것으로 살지 등을 결정할 때다.

그러나 대개는 이 둘을 적절히 섞어 사용한다. 즉 합리적으로 조사하다가도 옳다는 느낌을 따라간다.

세상은 변덕스럽다는 생각에 충실했던 맹자라면 두 가지 모델 모두 틀렸다고 생각했을 것이다. 계산만으로 결정을 내릴 수 있다고 믿는 사람은 자신이 정말로 합리적이라고 생각하겠지만, 그런 사람도 무의식적인 요소에 이끌려 결정을 내리기 쉽다. 이는 새로운 사실이 아니다. 의사 결정에 관련한 수많은 연구에 따르면, 감정은 합리적 사고를 곧잘 낚아챈다.

그렇다고 직감에 의존해야 한다는 뜻은 아니다. 직감은 무엇이 옳은지 진지한 고민 없이 즉흥적이거나 심지어 이기적인 욕구를 겉으로 드러내는 것에 불과할 때가 많다.

세 번째 접근 방식도 있다. 이성과 한목소리를 내도록 꾸준히 감정을 연마해 미래를 가로막는 결정이 아닌 미래의 가능성을 열어놓는 결정을 내리도록 하는 방식이다. 우리가 사는 세계는 불변의 세계가 아니며, 따라서 감정을 배제하는 것은 옳지 않다. 감정이야말로 상황에 내포된 의미를 모두 파악하고, 어디서 출발하더라도 그 상황을 헤쳐나가는 수단이 될 수 있다.

동생과 사이가 좋지 않다고 해서 어느 날 작정하고 진지하게 대화를 나누는 식으로는 문제를 해결하지 못할 것이다. 그보다는 동생이 속을 뒤집어놓더라도 동생의 말에 행동하고 반응하는 방식 같은 사소한 부분에 신경을 써서 문제를 해결하려 할 것이다. 만약 (내 행동에 대한 동생의 반응을 비롯해) 사소한 모든 것이 동생과의 소통에 영향을 미친다는 사실을 인식하고 일상적인 소통을 살피는 쪽에 집중한다면 어떤 일이 일어날지 생각해보자. 세상이 안정된 상태가 아니듯 이런 소통 방식도 고정불변이 아니다. 그 점을 이해한다면, 감정을 훈련해 상황을 바꾸고 관계를 개선할 수 있다. 결국 내가 더 나은 반응을 보임으로써 상황을 호전시키는 것이다.

이처럼 주변에서 일어나는 일은 우리의 행동 방식에 따라 여러 방향으로 전개될 수 있다. 중요한 연례행사를 기다리며 뒤처지지 않게 준비하느라 멀리 떨어진 친구한테 전화 거는 것을 미룬다면 우정을 신경 쓰지 않기로 적극적으로 선택한 셈이다. 우정에 소홀한 것은 상황을 특정한 방향으로 전개되게 하겠다는 적극적인 선택이다. 또 남자가 헤어지려고 고민 중인데, 여자는 두 사람의 감정이 누그러질 때까지 지켜보기보다 지금 당장 어떤 식으로든 결론을 내자고 단호하게 주장한다면 여자는 나중에 다른 결론이 나올 가능성을 무시하고 지금 서둘러 결론을 내려버리는 실수를 저지른 셈이다. 그런가 하면 고객 서비스를 소홀히 한 점포 관리자를 면담할 때, 화를 내고 소리를 질러 대화를 차단하기보다 침착하고 정중하게 문제를 인식시키면 대화의 가능성도 열어두고 나아가 더 좋은 결과를 낼 수도 있다.

어려움에 처한 친구를 도울 최선의 방법을 고민하던 난처한 상황을 기억하는가? 우리는 대체로, 특정한 상황에서 특정한 친구를 어떻게 도울지 그때그때 판단해 반응한다. 상황의 특수성을 인정해 공자의 방식대로 행동하는 것이다. 이때 대다수는 절대로 합리적 이익과 보편적으로 적용 가능한 규범부터 생각하지 않는다.

그런데도 우리는 자신을 곧잘 특정한 방식, 고정된 방식으로 판단하고, 과거의 특정한 모습에 기초해 자신에게 역할을 부여한다. 예를 들어 자신을 이해심 많은 사람이라고 생각한다면, 친구한테 충고가 필요할 때조차 드러내놓고 간섭하는 사람으로 행동하기를 불편해한다. 그건 자신의 참모습이 아니라고 생각하기 때문이다. 간섭은 평소의 행동 유형과 거리가 먼 것처럼 보인다. 그러곤 이렇게 생각한다. '다른 친구가 의사를 찾아가라고, 변호사를 부르라고, 코치한테 맞서라고 다그치겠지. 나는 그냥 듣고만 있어야지.'

'나는 이런 사람'이라고 자신을 규정해버리면 전체 상황을 민감하게 감지하는 능력과 내가 드러낼 수 있는 반응의 폭, 그리고 내가 보여줄 수 있는 선의가 제한된다.

끊임없이 변하는 세상에서 결정을 내리기 전에 전체 맥락을 감지하려면 감정을 훈련해야 한다. 자아도 복잡하고, 세상도 복잡하고, 상황의 추이도 복잡해 어디로 흘러갈지 모르는 상황에서, 결정을 고민한다는 게 어떤 의미인지 알아야 한다.

맹자는 상황의 복잡함을 완벽히 인지하도록 훈련하는 유일한 방법은 우리 행동이 어떻게 상황을 긍정적인 방향으로 이끌어가는지 이해하는 능력을 키우는 것이라고 생각했다. 그리고 우리 모두가 그런 잠재력을 타고났다고 믿었다. 바로 선, 즉 인을 실천할 잠재력이다.

인을 실천할 잠재력

아이들이 놀고 있는 풀밭을 지난다고 상상해보자. 이때 갑자기 비명 소리가 들린다. 한 남자아이가 우물 속으로 미끄러지는가 싶더니 시야에서 사라진다. 아이는 우물 가장자리에 매달려 바닥으로 떨어지지 않으려 안간힘을 쓰고 있다.

　주저 없이, 한순간도 생각할 틈 없이 아이를 구하러 달려간다. 그리고 아이를 끌어 올려 무사히 구출한다.

　맹자는 우물에 빠진 아이 이야기를 통해 모든 인간은 똑같이 선한 사람이 될 잠재력을 지녔다고 강조했다. 그 아이를 살리려고 곧장 달려가지 않을 사람은 없을 것이고, 우리 역시 그 사실을 잘 안다고 주장했다. 그리고 그런 행동을 하는 이유는 박수나 보상을 얻기 위해서, 아이 부모에게 칭찬이나 감사 인사를 받기 위해서가 아니다. 누구라도 보였을 자발적 반응이고, 단지 아이를 구하려는 순수한 욕구에서 우러난 행동이다.

　우리가 이 본능을 발전시킬 수 있다면 어떤 상황에서든 어떤 행동을 하고 어떤 결정을 내려야 할지 알 수 있을 것이다. 그래도 선한 행동, 즉 인을 실천하려는 잠재력에 부응해 살기는 쉽지 않다. 우리는 이웃을 두고 이러쿵저러쿵 수군대고, 친구를 질투하고, 아이들에게 소리를 지른다. 내면의 안 좋은 면들이 거듭 밖으로 드러난다. 누구나 위험에 빠진 아이를 구하러 달려간다면, 왜 일상에서는 걸핏하면 주변 사람의 마음을 상하게 할까? 인을 행할 잠재력을 왜 좀 더 키우지 않을까?

인간은 인을 행할 자연스러운 능력을 타고났다고 믿은 맹자로서는 이 문제가 더욱 혼란스러웠다. 그는 이렇게 썼다.

> 인간의 본성이 선한 것은 물이 아래로 흐르는 것과 같다. 선하지 않은 사람이 없고 아래로 흐르지 않는 물이 없다.

그러나 이런 선함, 즉 인은 '잠재력'으로 존재할 뿐이다. 인간의 본성은 잠재적으로 선하지만, 그 선함은 사라질 수도 있고, 비뚤어질 수도 있으며, 무엇과 맞닥뜨리느냐에 따라 바뀔 수도 있다. 맹자는 이렇게 말한다.

> 물을 막아 역류하게 하면 물이 산에도 이를 수 있다. 하지만 이것이 어찌 물의 본성이겠는가. 외부 힘으로 그렇게 되는 것이다.

사람이 선하지 않게 되는 것도 이 같은 이유다.

맹자는 사람들이 인의 느낌을 본능적으로 이해함으로써 어떻게 선한 사람이 되는지 깨닫길 바랐다. 선한 행동을 하면 몸에서 어떤 느낌이 드는가? 그런 기분을 느끼려고 날마다 어떤 일을 하는가?

맹자는 이 문제의 답을 가르치면서, 이제 막 시작된 인을 작은 싹으로 생각하라고 했다. 새싹은 더 큰 식물로 자랄 잠재력을 가지고 있다. 그러나 그 잠재력은 적절한 양육 환경에서 실현된다. 마찬가지로 우리도 내면에 인의 싹이 있고, 현인이 될 잠재력을 동등하게 부여받은 삶을 살며, 따라서 모두가 잘 사는 환경을 만들 수 있다는 게 맹자의 주장이다.

그러나 자신의 싹에 소홀해 물이나 양분 주는 걸 깜빡 잊기도 하고, 강제로 싹을 붙잡아 끄집어 올리기도 한다. 이런 행위는 자연스러운 인을 방해할 뿐 아니라 질투, 화, 분노 같은 최악의 본능에 쉽게 지배받도록 해 비참한 결과를 가져온다. 이렇게 되면 자신의 인간성도 해치고 주변 사람에게도 상처를 준다. 우리 내면에서 최악의 것을 분출함으로써 타인에게서도 최악의 것을 끌어내고 그들도 자신의 싹을 죽이게 만든다. 우리 스스로가 잠재력을 실현하지 못하게 되는, 이런 상황은 얼마든지 피할 수 있다.

만약 인도 새싹처럼 실제로 감지할 수 있다면, 그것은 묵가의 겸애나 불교의 자비와 달리 추상적인 것이 아니다. 인은 한 번도 만난 적 없는 낯선 사람에게 평생의 친구를 대할 때와 똑같은 감정을 느끼라는 교리 같은 것과는 거리가 멀다. 그보다는 일상에서 마주하는 사람을 대상으로 삼고 발전시킬 수 있는 감정과 행위다.

누군가에게 따뜻한 말을 건넨다거나, 모르는 사람을 위해 문을 잡아준다거나, 이웃집 차가 폭설에 갇혔을 때 같이 눈을 치워준다거나 하는 사소하지만 친절한 행동을 하는 순간을 잘 관찰해보면, 온기나 약간 상기된 표정 같은 신체적 기운을 감지할 수 있다. 이런 구체적인 감각이 타인에게 친절한 행동을 할 때 내면에서 자라는, 맹자가 말하는 인의 싹이다.

이와 같은 신체적 느낌에 관심을 갖고 좋은 면을 가꾸면서 그것이 자신과 타인에게 미치는 영향에 주목하면 그런 행동을 계속하는 동기를 찾을 수 있다. 이처럼 인은 추상적으로 키우는

맹자 | 변덕스러운 세상

것이 아니다. 우리는 인을 싹 틔우고 재배할 조건을 한 단계, 한 단계 배워나갈 수 있다. 처음에는 보잘것없는 들에서 싹을 틔우는 한 사람의 농부로 시작하겠지만, 그 결과는 주변으로 점점 퍼져나간다. 우리가 선을 베푼 사람들이 이번에는 자기들도 더 나은 행동을 하고 자신의 인을 싹 틔운다. 이런 인의 순간이 차츰 쌓여 하루를 채우고, 결국은 삶 전체를 가득 채운다.

머리와 가슴이 합쳐진 심心

인은 건전한 결정을 내리는 과정에 어떻게 관여할까?

감정적 대응이 완벽해지는 순간, 인간 본성의 위대한 잠재력이 실현된다. 타인과의 상호작용으로 자신을 꾸준히 수양하고 인의 싹을 부지런히 키운다면 어떤 상황에서든 올바른 도덕적 결정을 내리는 법을 터득할 수 있다.

묵자를 비롯한 일부 사상가들은 이성적 기능과 감성적 기능을 분명히 구별하고 머리와 가슴을 가능한 한 분리하려 했지만, 한자에서 '머리'와 '가슴'을 뜻하는 말은 똑같이 '心심'이다. 심,

즉 마음은 합리성의 중심일 뿐 아니라 감정의 근원이다. 마음은 생각하고 숙고하고 사색하며, 사랑과 기쁨과 증오를 느낄 수 있다. 맹자는 위대한 인물이 될 사람과 그렇지 않은 사람을 나누는 기준은 감각이나 지식을 맹목적으로 따르기보다 마음을 따르는 능력이라고 생각했다. 우리는 마음을 수양해 결정을 내리는 능력을 키울 수 있다.

사소한 일부터 신중한 일에 이르기까지 살면서 수없이 마주치는 선택을 생각해보라. 저녁은 무엇을 먹을지, 다음 휴가는 어디로 떠날지, 직업을 바꿀지, 이혼 소송을 제기할지 등등. 현명한 결정은 단지 합리적 생각에서만 나오지 않는다. 마음이 옳다고 여기는 일을 완벽히 이해해야 현명한 결정을 내릴 수 있다. 즉 머리와 가슴이 함께 작동해야 바람직한 결정을 내릴 수 있다.

감각에 수동적으로 이끌리면 현명치 못한 마구잡이식 결정을 내린다. 배가 그리 고프지 않을 때 과식을 하는 사소한 결정이든, 상대방 행동을 무례하다고 판단해 심하게 꾸짖는 다소 중요한 결정이든 우리 감각은 순간적으로 현명치 못한 반응을 보일 때가 있다.

그러나 마음을 꾸준히 수양하면 훨씬 더 안정된 태도로 상황에 반응한다. 충동이나 감정 변화에 흔들리지 않고 큰 맥락에 집중해 무엇을 해야 하는지 파악하고, 어떻게 반응해야 자신과 주변 사람들에게서 최선의 결과를 이끌어내는지도 터득한다.

우물에 빠진 아이 이야기로 돌아가 보자. 이는 물론 매우 드문 위기의 순간이다. 그러나 대체로 우리가 살면서 마주치는 대부분의 결정은 그처럼 명확하지 않다. 선을 행하려는 잠재적 성향은 우리에게 어떻게 행동하라고 제때 말해주지 않을 것이다. 아이가 우물에 빠졌다면 당연히 구하라고 말하겠지만, 개인적으로 어려움에 빠진 사촌을 도울 최선의 방법은 정확히 무엇일까? 또 일자리 제의가 동시에 들어왔을 때 미래를 고려한다면 그중 어떤 일을 선택해야 옳을까? 몸이 편찮은 부모님 곁으로 집을 옮겨야 할까? 이런 상황에서는 즉각 결정을 내리기가 쉽지 않다.

맹자라면 인지적 측면과 감정적 측면을 통합하기 위해 자신의 감정 반응에 주목한 뒤 그것을 더 좋은 쪽으로 바꾸려고 애쓸 것이다. 머리를 써서 감정을 수양하라. 무엇이 내 감정과 반응을 촉발하는지 날마다 주시하라. 세상을 인식할 때 사용하는 정형화한 습관, 깊이 뿌리박힌 화법은 무엇인가? 식기세척기에 그릇 넣는 걸 보고 남편이 나무랄 때면 어렸을 때 늘 느낀 무력감이 되살아나는가? 친구에게 의견을 강하게 주장하면 주제넘어 보일까 봐 위로만 하는 편인가?

하루 종일 내 감정을 촉발한 모든 원인과 정형화한 방식을 파악하면 반응을 조절할 수 있다. 감정 반응에 주목하는 마음수양은 무집착이나 무판단 같은 불교 사상에 일부 바탕을 둔 유명한 개념인 '마음챙김mindfulness'과는 다르다는 점에 유의하라. 마음수양은 감정을 관찰하고 받아들인 뒤 내보냄으로써 일종의 개인적 평온함을 얻는 행위가 아니다. 평온함을 얻었다 해도 다시 세상과 마주하면 이내 사라진다. 마음수양은 모든 존재에 막연하게 연민을 느끼는 것도 아니다. 마음수양은 외부를 향한 행위로, 나를 세상과 분리하는 것이 아니라 세상에 더 깊이 관여하게 하는 것이며, 따라서 나와 주변 사람을 더 나은 사람으로 만드는 행위다. 그것은 내게 주목하되, 마음을 챙긴다는 의미가 아니라 공자식으로 관심을 갖는 것이다.

외부 사건은 날마다 우리의 감정 반응을 촉발한다. 아장아장 걷는 아이가 시키지도 않았는데 꽃을 한 묶음 꺾어 건네줄 때 기쁨이 벅차오른다. 헤어진 애인을 거리에서 마주쳤을 때 가슴이 저린다. 회사 상사가 이메일을 보내 마감을 독촉할 때 불안감에 가슴이 철렁한다. 이런 반응은 모두 차곡차곡 쌓인다. 이처럼 훈련되지 않은, 정형화된 반응이 쌓여 삶이 되는데, 이런 정형화는 부정적으로 나타나는 경우가 많다. 우리가 흔히 의식적인 의사 결정이라고 생각하는 것 중 대부분이 사실은 단지 이런 정형화한 반응을 드러내는 것에 불과하다. 그러나 오랜 시간 경험을 쌓으며 감정을 수양하면, 다른 사람의 본성을 좀 더 정확히 감지하고, 특정 상황에서 무슨 일이 벌어지고 있는지 판단해 이웃과의 불화가 문제인지, 우울증에 시달리는 친구가 문제인지, 학교 성적이 나쁜 아이가 문제인지에 따라 결과를 호전시키는 방법을 익힐 수 있다. 그리고 자신을 훈련해 이 같은 복잡성을 항상 유념하고 상황을 바꾸기 위해 무엇을 해야 할지 파악할 수 있다.

이를테면 마감에 임박해 일하고 있을 때마다 번번이 방해하는 직장 동료가 있다고 상상해보자. 이런 일이 지속되면 그가 눈치 없고 짜증 나는 사람으로 보인다. 그러면서 그를 차갑게 대하고 싶은 마음도 든다. 그에게 말려들어 수다를 떨다가 시간을 한참이나 낭비하고는 짜증이 치밀어 오를 수도 있다. 아니면 내가 지금 얼마나 바쁜지 모르냐며 버럭 화를 낼 수도 있다. 친구들에게 이 사실을 폭로하자, 친구들은 지금 수다 떨 시간이 없다고 딱 부러지게 말하라고 충고할 수도 있다. 그러나 그 동료를 이런저런 사람이라고 규정하고 짜증 나는 훼방꾼을 대하는 통상적인 전략을 구사하기보다 그를 여러 감성, 습관, 정형화된 방식, 감정, 행동이 복잡하게 얽힌 개인으로 인식하면 가장 포용적인 반응을 보일 수 있다. 요컨대 그 동료는 이 상황에서 특정한 이유로 자신의 특정한 면을 드러내는 것이며, 누구나 그럴 수 있다. 이때 문제를 정면으로 마주하고 그 동료에게 지금 내가 어려운 상황에 처했다고 직접 말하고 싶은 충동도 들 것이다. 하지만 더욱 효과적인 전략은 '나부터' 바뀌면 시간이 흐른 뒤 비슷한 상황이 다르게 전개될 수 있음을 이해하는 것이다. 동료를 늘 지금과 같은 사람으로 보기보다 다중적이고 끝없이 복잡한 사람으로 본다면, 상황을 바꾸기 위해 시도할 수 있는 다양한 방법이 눈에 들어온다. 이를테면 동료뿐만 아니라 내게서도 다른 면을 끄집어내기 위해 내가 할 수 있는 사소한 행동을 생각해본다. 그는 외로울 때 내게 말을 거는가? 소통하고픈 그의 욕구를 다른 방식으로 해결할 수는 없을까? 그는 불확실하고 불안한 기분이 들 때마다 내게 접근하는 걸까? 그렇다면 신경과민부터 다루어야 한다.

이번에는 다른 상황을 생각해보자. 누군가가 내게 화를 낸다고 치자. 나와 동생 사이에 오랫동안 부글부글 끓던 분노가 드디어 폭발했을 수도 있다. 이때 그 자리에서 같이 버럭 화를 내고 싶겠지만, 이는 세련된 반응이 아니다. 동생을 달래거나, 죽은 듯 가만히 있거나, 아예 말을 하지 않는 것도 마찬가지다. 그보다는 잠시 짬을 내 동생의 행동 이면에 존재하는 모든 원인과 감정부터 파악하는 게 옳다. 동생의 행동을 촉발한 직접적 원인도 물론 있겠지만, 지금의 관계는 두 사람이 여러 해 동안 정형화한 반응을 보이면서 차츰 형성된 게 거의 확실하다. 우선 동생의 화가 어디서 시작됐는지 찾아내고, 상황을 바꾸려면 어떤 행동을 해야 하는지 파악한다면, 동생을 특정한 방식으로만 인식하던 시각에서 벗어날 것이다. 그리고 동생을 다른 방식으로 보기 시작한다. 이때 화를 인정한다거나, 그 상황에서 내 역할을 인정한다거나, 서로 진정될 때까지 기다렸다가 대화를 계속하기로 결정한다거나 하는 사소한 행동은 반직관적이기 때문에, 그리고 당면한 문제에 격렬하게 반응하기보다 그 바탕이 되는 근본 원인에 접근하기 때문에 결과적으로 그 원인을 바꿀 힘이 있다.

이 모두가 새로운 생각은 아니다. 요컨대 그것이 최선의 대응이라는 것을 우리도 잘 안다. 그럼에도 인간관계에서 매우 어려운 상황에 맞닥뜨리면 보통 세련된 반응을 보이지 못한다. 대개는 순간의 기분에, 그리고 빨리 문제를 해결하려는 욕심에 휘둘린다. 앞서 제시한 방법으로는 문제를 빠르게 해결할 수도 없고, 상황을 즉시 변화시킬 수도 없다. 하지만 차츰 더 멀리 보고, 장기적인 결과를 생각하는 습관이 쌓여간다. 이렇게 폭넓은 시각으로 결과를 어떻게 바꿀지 파악한 뒤 상황에 접근하는 훈련을 꾸준히 계속하면 인을 행할 잠재력도 꾸준히 수양된다. 이는 감정을 무시하는 훈련이 아니다. 감정을 무시한다면 상황이 일어난 전체 맥락을 파악하는 능력을 잃게 된다. 그보다는 감정을 다듬어 직감적으로 더 나은 반응이 나오게 하는 것이다.

이것이 바로 마음수양이다. 세상에 좀 더 적극적으로 반응하고, 더 나은 모습을 유지하고, 우리의 비전을 그대로 보존하는 것이다. 맹자가 말한 '유연한 판단'은 복잡한 맥락에서도 각 상황을 주의 깊게 저울질하면서 본능적으로 훌륭한 도덕적 결정을 내리는 능력을 말한다. 마음을 훈련한다는 것은 판단력을 갈고닦는 것이다. 다시 말해, 더 멀리 보고, 어떤 사람의 행동 뒤에 숨은 동기를 이해하고, 불안, 두려움, 기쁨 등의 감정에 따라 완고하다고 생각하는 사람도 다른 모습을 드러낼 수 있다는 사실을 기억하는 것이다. 옳은 일을 감지하는 능력은 우물에 빠진 아이를 구해야 한다는 본능보다 더욱 복잡하고 발전된 본능이다. 아이가 위험에 빠졌을 때 어떻게 해야 할지 의식적으로 자문하지 않듯이, 마음을 훈련했다면 일상에서 마주치는 문제를 어떻게 헤쳐나갈지 자문할 필요가 없다.

성장의 토대 다지기

대학에서 무엇을 전공할지, 직업을 바꿀지, 누구와 결혼할지 같은 인생의 중대한 결정을 할 때 우리는 곧잘 실수를 저지른다. 가슴과 머리를 이용해 유연한 판단을 하고, 우리 행동이 이 세상에서 어떻게 꾸준히 작은 변화를 만들어낼지 인식한다 해도, 세상은 일관적이며 따라서 변치 않는 것이 존재한다는 생각을 버리지 않는다. 이를테면 나, 내 강점과 약점, 내가 좋아하는 것과 싫어하는 것이 변치 않고, 세상도 앞으로 수십 년간 변치 않을 것이며, 따라서 그 안에 있는 내 위치도 변치 않을 것이라고 생각한다.

이처럼 단기적 반응뿐 아니라 장기적인 삶의 계획도 불변적이라는 환상에 토대를 둔 경우가 많다. 우리는 목표를 달성하기 위해 구체적으로 할 수 있는 일을 계획한다. 예를 들어 직업을 선택할 때 내게 가장 잘 맞는 일이 무엇인지 생각한다. 나는 어떤 사람이고 내 장점은 무엇인지 알아내 그 판단을 근거로 직업 종류와 추구하는 것에 초점을 맞춘 뒤, 내가 생각하는 '나'의 고정된 이미지에 맞는 진로를 정한다.

그러나 내가 생각하는 나, 특히 결정을 내리는 순간의 내가 생각하는 나는 어쩌다 갖게 된 정형화된 유형의 집합일 뿐이라는 사실을 기억하라. '나는 비관적인 사람이야'라는 생각이 나를 비관적인 사람으로 만들 수 있듯 앞으로 보일 내 모습과 관련한 결정을 내릴 때 단지 그것이 나답다는 고정관념에 이끌려 결론에 도달할 수도 있다. 그러나 이는 시작도 하기 전에 자신을 틀에 가두는 셈이다.

세상은 일관되다는 생각을 기초로, 이성적으로 판단해 인생의 중대한 결정을 내린다면 명확한 상황, 명확한 가능성, 안정된 자아, 변치 않는 감정, 변치 않는 세상을 가정하는 것이다. 그러나 현실은 전혀 그렇지 않다. 구체적이고 명확한 계획을 세울 때도 그것이 추상적인 자아를 가정한 계획이라는 점에서 결국 추상적인 계획을 세우는 셈이다. 요컨대 나와 세상과 주변 상황이 바뀌더라도 내가 생각하는 지금의 나를 기초로 미래의 자아를 생각하며 계획을 세우는 것이다. 인간의 발전에 토대가 되는 현실적이고 정신없는 복잡함에서 나를 제외한다는 뜻이다. 이때 인간으로서 성장 능력도 제거된다. 미래의 나가 아니라 지금의 나에게 가장 이익이 되는 쪽에 초점을 맞춰 성장을 제한하기 때문이다.

　그렇지 않고 세상은 불안정하다는 사실을 꾸준히 인식한다면, 복잡하고 끊임없이 변화하는 세상과 자아를 염두에 둔 결정을 내리고 반응할 수 있다. 그리고 마음을 훈련해 내 안의 복잡한 요소를 모두 인정하고 참작할 수 있다. 우리는 상황의 추이를 장기적 관점에서 생각할 때 최선의 결과를 얻는다. 그리고 상황이 발전할 토대를 마련해야 포괄적인 결정을 내릴 수 있다.

《맹자》에 나오는 이야기를 보자. 오래전, 문명의 시작을 알린 성군들에 관한 이야기다. 당시는 '천하가 아직 안정되지 않아 큰물이 옆으로 흘러 범람하고 오곡이 여물지 않을 때'였다.

현명한 우禹임금은 이런 세상에 질서를 부여하기 위해 세상에 내려왔다. 그는 농사를 짓도록 땅을 파고 관개사업을 추진했다.

우임금은 아홉 개의 강물을 트고, 지수이濟水와 타허漯河를 터서 바다로 흘러가게 했다. 그리고 루수이汝水와 한수이漢水를 터놓고, 화이허淮河와 쓰수이泗水를 밀어내 양쯔 강에 흘러들게 했다. 그런 뒤에야 나라 안이 먹고살 수 있었다.

백규가 말했다. "제 치수법이 우임금의 치수법보다 낫습니다." 그러자 맹자가 말했다. "그대 말이 지나치오. 우임금의 치수법은 물길을 따른 것이오. 그런 까닭에 우임금은 사면의 바다를 물이 고이는 구렁으로 삼았소. 하지만 그대는 이웃 나라를 구렁으로 삼고 있소. 물이 방향을 거스르면 넘쳐흐르는 물이라 하는데, 넘쳐흐르는 물은 곧 홍수요, 어진 사람이라면 싫어하는 것이니, 그대가 잘못이오. (…) 우임금은 물길을 거스르지 않은 채 물을 옮겼소."

우임금은 도랑을 파고 물길을 열어 주변 환경을 급격하게 바꿔놓았지만, 그 전에 먼저 물길이 어떻게 자연스럽게 흐르고 움직이는지 이해했다.

이 이야기의 요점은 물길을 소극적으로 바꿔 물이 자연스럽게 흐르도록 해야 한다는 것도, 싹을 소극적으로 키워 자연스럽게 자라도록 해야 한다는 것도 아니다. 우리도 물길을 낸 우임금이나 농작물을 재배하는 농부 같아야 한다는 것이다. 농부는 적극적이고 계획적이다. 적절한 땅을 고르고, 잡초를 뽑고, 땅을 갈아 비료를 주고, 해당 기후에서 잘 자라는 작물의 씨를 뿌린다. 그런 다음 작물에 물을 주고, 햇빛을 충분히 받게 한다. 여기서 끝이 아니다. 일은 끝없이 계속된다. 울타리를 쳐서 들짐승이 들어오지 못하게 하고, 토양의 성질이 변하면 작물을 바꿔 심는다. 적절한 시기와 속도에도 대단히 민감해서, 변화할 때와 기다릴 때를 잘 안다. 우리는 환경이 바뀔 때마다 끊임없이 반응하고 싶어 한다. 농부가 밭에 영향을 미칠 상황을 예의 주시하듯이.

적극적이라고 해서 흐르는 물을 막는 공격적인 시도를 한다는 뜻은 아니다. 그보다 물은 아래로 흐른다는 성질을 활용해 물을 관리하는 것이다. 맹자는 이렇게 말했다.

"교활한 사람이 싫은 까닭은 남을 속이기 때문이다. 그렇지 않고 물길을 옮긴 성군처럼 행동한다면 싫어할 이유가 없다. 그 성군은 물길을 거스르지 않은 채 물을 옮겼다."

적극적 행동은 최적의 조건을 만들고 그 어떤 다양한 상황이 발생해도 그에 대응하는 것이다. 다시 말해, 변화가 일어날 수 있는 토대를 다지는 작업이다. 내가 어떤 사람인지 판단하고 그에 맞춰 목표를 정하는 것이 아니라 농부처럼 행동하는 것이다. 그렇다면 목표는 농부가 유기농 재배를 하듯 나의 다양한 관심과 모습이 자연스럽게 성장할 토대를 마련하는 것이 된다.

우리는 대개 주말이나 여가에 즐길 취미와 관심사를 가지고 있다. 하지만 그것이 삶에서 우리가 추구하려는 것을 알아내는 실마리가 된다는 생각은 잘 하지 못한다. 그러나 특정한 내 모습을 발전시키고 싶을 때, 따로 시간을 내 관련된 활동을 한다든가 하는 아주 단순한 행위도 삶이 성장하는 토대가 된다. 이를테면 와인 시음 교실에 참여한다거나, 수채화를 배운다거나, 고등학교 때 제2 외국어로 배운 프랑스어를 일주일에 한 번씩 복습한다거나 하는 것이다. 모든 종류의 가능성을 적극 열어놓고 그것에 반응하는 자세를 유지한다면 풍성한 결실을 기대하며 밭을 가꾸는 농부에 견줄 만하다.

모든 관심사에 마음을 열어둔다면 기회는 내가 하기 나름이다. 자신이 손으로 하는 일을 좋아한다는 걸 알게 되었다면, 그림도 좋지만 목공을 시도해볼 수도 있다. 아니면 프랑스어는 맞지 않는다고 결론 내렸지만 그 대신 공공 도서관에서 이민자 지도 과정을 신청해 다른 문화를 체험할 기회를 얻는다면, 친구를 사귄다거나 해외여행을 간다거나 직업을 바꾸는 등 다른 가능성이 열릴 수 있다. 시간이 지나면서 바뀌는 내 관심사에 반응한다면, 정체되지 않은 삶을 살면서 인생을 바꾸고 계획을 바꿔가며 더욱 성장할 수 있다.

'원하면 무엇이든 될 수 있어'라는 생각에 빠지기보다 '내가 어떤 사람이 될지 아직 모르겠어'라고 생각하는 것이다. 앞으로 어떻게 될지 알 수 없다. 지금으로서는 그렇다. 그러나 나는 누구인가, 나를 흥분시키는 것은 무엇인가에 대해 알아낸 정보는 모호하지 않다. 그것은 실제 경험에서 우러난 매우 구체적인 지식이다. 시간이 흐르면서 예전 같으면 상상도 하지 못한 길이 열리고, 그중에는 전에는 결코 볼 수 없던 길도 있다. 시간이 지나면서 내가 다른 사람이 되는 것이다.

삶이 어떻게 전개될지는 계획할 수 없다. 그러나 특정한 방향으로 전개될 법한, 즉 풍요로운 성장을 가능하게 만들 여건을 조성하는 것은 가능하다. 그렇게 되면 우리는 단지 농부가 아니다. 우리는 농부가 쏟아부은 노동의 결과이고, 우리 땀의 결실이 된다.

명命과 예측 불가능한 삶

삶의 가능성을 열어두고 그 가능성을 늘 주시하면서 모든 노력을 다한다 해도 항상 상황이 잘 풀리는 것은 아니다. 이력서를 내고 면접에 최선을 다해도 막판에 떨어질 수 있다. 상대에게 진심을 다해도 차일 수 있다. 6개월 동안 휴직하고 여행 떠날 준비를 했는데, 아버지가 위중한 병에 걸리는 바람에 여행을 취소해야 하는 일이 벌어지기도 한다. 이것이 맹자가 상상한 세계이며, 묵가가 그렸던 세계와는 상당히 다르다.

맹자의 세계는 명命이 지배한다. 명은 하늘의 명령, 운명, 숙명

등 다양하게 해석할 수 있다. 그러나 맹자에게 명은 삶의 우연, 그러니까 우리 통제 밖에서 일어나는 사건이나 길흉을 나타내는 말이었다. 명에 따르면, (취직 자리가 생긴다든가 하는) 행운과 (죽음 같은) 불행은 우리 계획이나 의도와는 상관없이 일어난다.

우리도 명을 알고 있다. 이를테면 재능 있는 사람이 해고되어 다른 일자리를 찾지 못한다거나, 사랑하는 사람이 느닷없이 떠나겠다고 결심한다거나, 좋은 친구가 어린 자녀들을 남겨둔 채 별안간 세상을 떠난다거나, 공자가 총애하던 제자가 애석하게도 젊어서 세상을 떠난다거나, (독자도 기억하겠지만) 맹자처럼 제나라 통치자가 그를 이용하는 바람에 인생 후반에 크나큰 시련을 겪었다거나 하는 것 모두 명이다. 맹자는 우리에게 큰 영향을 미치는 사건을 스스로 통제할 수 없다는 사실을 인정하려고 무척 애썼다. 최고의 계획, 고심 끝에 내린 결단도 불쑥 닥쳐오는 비극적 사건을 막을 수 없다.

세상은 변하지 않는다고 단정하면 사회적으로 허용된 두 가지 길에 맞닥뜨린다. 운명을 믿느냐, 자유의지를 믿느냐. 운명론자라면 어떤 일이 신에 의해서든 운명에 의해서든 예정되어 있다고 생각하면서, 우주의 방식을 인정하려고 노력할 것이다. 자유의지를 믿는 사람이라면 내 운명은 내가 통제한다고 생각하는 탓에, 비극적 사건에 마음이 흔들릴 때면 감당하기 어려울 수 있다. 예를 들어 직장에서 실패하거나 이혼 또는 죽음에 맞닥뜨렸을 때 책임감의 압박에 무너질 수 있고, 아니면 강철처럼 견디면서 빠르게 그 상황을 벗어날 수도 있다. 이 모두가 삶의 예측 불가능성을 부인한다는 점에서 비롯된 수동적인 반응이다.

그러나 맹자는 명에 대해 이렇게 말했다.

"차꼬와 수갑을 차고 죽는 것은 올바른 명이 아니다."

차꼬와 수갑을 차고 죽는다는 것은 형벌을 받아 죽는다는 뜻으로, 우리에게 닥친 일에 적절히 반응하지 못했다는 말이다. 상황에 지배당해 수동적으로 반응한 것이다. 비극 앞에서 속수무책으로 무너지든, 우리에게 일어난 일을 받아들이든 두 반응 모두 무너지는 담 아래 서서 '담이 무너져 죽는 것은 내 운명'이라고 말하는 것과 마찬가지다.

이와 다른 반응도 있는데, 내 명은 내가 만들고, 내 미래는 내가 설계한다는 반응이다. 맹자는 이렇게 말한다.

"명을 아는 자는 위험한 담 밑에 서 있지 않는다. 자기 도를 다 하고 죽는 것이 올바른 명이다."

변덕스러운 세상에 산다는 것은 올바른 행동이 항상 보상받는 안정되고 도덕적인 우주에 살고 있지 않다는 뜻이다. 진짜 비극도 얼마든지 일어난다는 것을 부정해서는 안 된다. 깜짝 놀랄 일이 얼마든지 일어날 수 있다는 사실을 늘 인식하고 우리에게 닥친 일에 대처하는 법을 익혀야 한다. 그러면 비극이 닥치더라도 세상은 예측 불가능하며 완벽한 결단을 내리기는 불가능하다는 사실을 받아들일 수 있다. 변덕스러운 세상이 우리에게 약속하는 것도 바로 그것이다. 세계가 정말로 끊임없이 분열되고 예측 불가능하다면 노력에 따라 세상이 더 나아질 수도 있다는 이야기다. 우리는 각 상황에 최선을 다해 더 나은 사람이 되려고 노력해야 한다. 그래야 무언가를 얻을 수 있기 때문이 아니라, 결과야 어떻든 주변 사람에게 더 좋은 영향을 미치기 때문이다. 우리는 내면의 더 나은 모습을 키우고 예측 불가능한 세상과 마주하면서 세상을 변화시킬 수 있다.

그것은 "나는 누구인가?" 또는 "인생을 어떻게 계획해야 하는가?" 같은 거창한 질문을 던지는 것과 사뭇 다르다. 그보다는 부단한 노력으로 일상에서 사소한 것을 바꾸면서, 사람들이 행복하게 잘 살 수 있는 멋진 공동체를 만드는 것이다. 그리고 그런 뒤에도 노력을 멈추지 않는다. 나와 타인을 더 나은 사람으로 만들어 궁극적으로 더 나은 세상을 만들려는 노력을 결코 멈추는 법이 없다.

◎

운명을 마주했을 때 절망해서도 안 되고, 그저 좋은 면만 보아서도 안 된다. 긍정적 사고를 숭배하면 아무리 어려운 상황이 닥쳐도 결국 잘 해결되리라고 확신하게 된다. 그러나 그런 사고 방식은 우리를 수동적으로 만든다는 점에서 위험하다. 통제 불능한 상황은 언제든지 일어날 수 있지만, 우리는 적극적으로 행동할 수 있다. 무너지는 담에서 멀리 떨어지고, 명에 반응하고, 그에 따라 미래를 만들어가는 것이다.

명에는 앞으로 닥칠 비극만 있는 게 아니다. 좋은 일도 생길 수 있다. 예상치 못한 기회, 자신이 좋아하는 것을 할 수 있는 뜻

밖의 호기, 인생 전반의 방향을 바꿀 누군가와 마주할 기회 등. 계획에 지나치게 얽매이면 그런 기회를 놓칠 위험이 있다. 그리고 미래의 어느 날 잠에서 깨었을 때, 그동안 내가 규정한 내 모습에 갇혀 살았다는 느낌이 들 수 있다.

세상에는 분명한 지침이 있고 세상은 결코 변하지 않는다는 생각을 버리면, 남는 것은 우리를 인도하는 마음이다. 마음이 가장 중요하다. 우리는 주변 사람들과 관계를 맺으며 날마다 마음을 발전시킨다. 마음먹기에 따라 사물이나 상황을 올바로 감지하고, 성장의 토대를 마련하고, 우리에게 주어진 것을 바탕으로 열심히 노력한다. 그러는 사이에 내가 생각한 모든 것이 바뀔 것이다. 내가 몰랐던 내 모습도 발견한다. 그리고 마침내 한때 고정불변이라고 생각했던 세계가 무한한 가능성을 지닌 세계로 보이기 시작한다.

THE

P

영향력에 대하여

노자 | 우리가 만드는 세상

A T H

———

숲속을 걷는다고 상상해보자. 눈부신 여름 오후, 싱그러운 초록 잎 사이로 햇빛이 반짝인다. 거대한 참나무 한 그루가 다른 나무 사이로 솟아오른 모습을 멀찌감치 떨어져 바라본다. 참나무는 키가 워낙 커서 꼭대기가 잘 보이지 않는다. 몇 미터 떨어진 큰 참나무 그늘 아래 어린 나무가 자라고 있다. 사람들은 대개 큰 나무는 강하고, 꼿꼿하고, 위엄 있으며, 어린 나무는 힘없고, 부실하다고 생각한다.

폭풍이 불어닥치면 숲 바닥에는 커다란 가지들이 여기저기 나뒹굴 것이다. 큰 참나무는 비바람과 강한 폭풍을 동반한 번개를 견디지 못할 수도 있다. 그리고 결국 바닥에 쓰러진다. 하지만 어린 나무는 그대로 서 있다. 왜 그럴까? 바람이 불면 어린 나무는 몸을 굽히고 이리저리 움직인다. 유연한 어린 나무는 폭풍이 지나간 뒤 다시 꼿꼿하게 선다. 어린 나무는 바로 그 약함 덕에 살아나 풍성하게 번식한다.

◎

영향력 있는 사람이 되려면 숲에 있는 커다란 참나무처럼 강인하고 꿋꿋해야 한다고 흔히들 생각한다. 그렇게 배운 탓이다. 그리고 설득력 있는 주장으로 사람들을 자기 뜻에 따르도록 해야 한다고 여긴다.

그러나 《도덕경》으로도 알려진 《노자老子》 같은 중국 철학 문헌에는 영향력을 행사하는 다른 방법이 나온다. 영향력은 겉으로는 약해 보이는 힘의 진가를 이해하고, 이것과 저것을 구별하는 행위의 함정을 파악하고, 세상사는 모두 연관되었다고 보는 관점에서 나온다. 진정한 영향력은 어떤 힘을 제압하는 다른 힘에서 나온다기보다 별개의 대상, 상황, 사람들 사이의 연관성을 이해하는 데서 비롯된다고 생각할 수 있다. 이 모든 것은 《노자》에서 말하는 '도', 즉 길을 이해하는 데서 출발한다. 어린 나무가 살아남는 이유는 그것이 '도'에 가깝기 때문이다.

그러나 어린 나무도 어쨌거나 나무일 뿐이다. 어린 나무는 바람에 흔들리며 별다른 생각 없이 자란다. 우리 인간은 훨씬 더 많은 것을 할 수 있다. 단지 연관성을 이해할 뿐 아니라 새로운 연관성을 만들어 전적으로 새로운 현실과 새로운 세상을 구축할 수 있다. 그런 세상의 설계자가 되는 것이 우리 인간이 실력을 행사하는 방법이다.

노자와 도

《노자》의 주인공인 중국 철학자 노자는 신비스러운 인물이다. 생존 시기도 정확하지 않고, 심지어 그가 실제 인물인지 여부에 대한 논란도 있다. 《노자》는 한자로 老子, 즉 '늙은 사람'이라는 뜻이다. 나이 든 사람 누구에게나 쓸 수 있는 일반명사이기도 하다. 그러나 이 흥미로운 책의 저자를 규정하고 싶었던 후세 사람들은 저자를 공자 이전에 살았던 위대한 현인으로 묘사했다. 야사에 따르면, 노자는 300년을 살았다고도 하고, 인도까지 여행을 가서 부처가 되었다고도 한다. 노자는 '도교道教'라 불리는 철학 학파(훗날에는 종교 운동)의 창시자로도 알려졌다. 또 어떤 전설에서는 노자를, 우주를 만든 실제 신으로 묘사하며 그의 계시가《노자》로 탄생했다고 말한다.

하지만 노자는 도교를 창시하지 않았다. '도교'라는 말은《노자》가 쓰인 지 수백 년이 지나도록 등장하지 않았다. 그런데도 과거를 거슬러 올라가 노자를 도교의 창시자로 여기는 이유는 《노자》에서 '도'를 자주 언급하기 때문이다.

'도'라는 말을 들어본 사람이라면 대부분 그 실체에 대해 막연한 개념을 떠올린다. 중국 산수화를 생각해보자. 붓과 먹으로 능수능란하게 옅은 안개에 덮인 산을 묘사하고, 점을 찍어 절묘하게 나무를 표현하는가 하면, 이따금 사람도 그려 넣는다. 그런데 너무 작아 알아보기도 힘든 그 사람을 가만히 들여다보면 자연의 광활함에서 위안을 찾는 순례자의 모습을 하고 있다. 서양에서는 이런 그림을 보면 복잡한 세상을 벗어나 자연과 조화를 이루려는 인간의 탐색을 표현했다고 해석하곤 한다. 어쨌든 이런 그림은 내적 고요와 평온을 추구하는 인간이 적응해야 할 변치 않는 세상을 묘사한 것 같다.

이것이 사람들이 흔히 생각하는 도다. '저기 어딘가에 있는' 이상이자, 우리 너머에 존재하며 조화로움으로 회귀하기 위해 필요한 자연스러운 완벽함. 많은 사람에게 《노자》는 신화에 가까운 '황금시대'에 귀 기울이게 하는 이야기다. 황금시대는 삶이 더욱 순수하고 단순하며 사람들은 산수화에 나오는 순례자 같던 시대이며, 자연에 발맞춰 세상 모든 것의 본래 모습을 인정하면서 도에 가깝게 흘러가던 시대다.

이런 해석은 서양이 스스로를 근대적이라 선언하고 동양을 그와 대조되는 들러리쯤으로 묘사한 19세기에 시작되었다.《노자》의 내용과 관련한 해석이라기보다 전통적인 중국을 조화롭고 평온한 세계로 미화하는 오늘날 서양인들의 시각과 관련이 깊다.

실제로 《노자》는 '저기 어딘가에 있는' 정형화된 조화로움, 순례를 떠나거나 원시적 삶의 방식으로 돌아가야 닿을 수 있는 조화로움을 따르라고 말하지 않는다. 순종적이고 평온해지기 위해 노력해야 한다고 말하지도 않는다.《노자》의 가르침은 그런 것과 사뭇 다르다. 도는 지금 여기서 우리가 직접 적극적으로 만들어가는 것이다. 우리는 누구나 세상을 효과적으로 바꿀 수 있는 잠재력을 지니고 있다. 우리는 도를 재창조할 수 있다.

도의 재창조

노자에게 도는 모든 것에 우선하는 근원적이고, 형언할 수 없으며, 구별이 없는 상태다.

> 뒤섞여 이루어진 것이 있었으니,
>
> 하늘과 땅보다 먼저 생겼다.

우주 만물은 도에서 탄생하고, 다시 도로 돌아간다.

도는 다양한 차원으로 존재한다. 세속적 차원에서 도는 땅에 가깝다. 땅에서 자라 올라오는 풀을 보자. 풀은 자라면서 차츰 또렷해지고 다른 것과 구별된다. 그리고 더 자라면서 도에서 멀어진다. 어린 나무가 다 자란 큰 참나무보다 도에 더 가까운 것도 이런 이유다. 그러나 땅에서 자란 것은 죽어서 모두 다시 땅으로, 즉 도로 돌아간다.

> 만물이 서로 어울려 자라는데
> 나는 그것이 돌아가는 모습을 지켜본다.
> 무릇 만물은 무성하나
> 모두 제 뿌리로 돌아간다.

좀 더 우주적 차원에서 보면 도는 빅뱅 이전, 별과 은하가 생기고 우주가 분화하기 이전에 존재했다는 현대 물리학자의 주장에 가깝다. 우주가 공간과 시간, 인과관계의 법칙에 지배되는 서로 다른 원소의 집합이 된 것은 빅뱅 이후의 일이다. 이런 법칙은 우리에게 당연하게 여겨지고, 우리는 그 법칙을 바꾸거나 통제할 수 없다. 어쨌거나 우리는 이 우주에서 살아야 한다. 이 이론에 따르면, 서로 구별되는 모든 것이 어느 순간 다시 한 번 무無로 돌아갈 것이다.

그러나 《노자》는 가장 원대한 차원에서, 만물이 분화하기 전 그것이 어디서 왔는지에 집중한다. 《노자》는 도를 우주의 모든 것, 즉 만물을 탄생시킨 어머니에 비유한다. 우주 만물은 처음 탄생할 때 부드럽고 연하다. 마치 어린아이 같다. 처음에는 도와 매우 가깝기 때문이다. 그러나 시간이 지날수록 더욱 단단해지고 다른 것들과 구별된다.

세상이 분화되었다고 볼수록 도에서 더 멀어지고, 연결되었다고 볼수록 도에 더 가까워진다. 우리는 도에 가까워질수록 힘을 얻는다. 유연함과 나약함의 힘을 이용할 수 있기 때문이다.

우리는 우주의 자연 법칙을 새로 만들 수 없다. 그러나 도는 우주에서 일어나는 사건에만 관련한 것이 아니다. 일상에서도 새로운 상황은 끊임없이 발생하고, 각 상황은 도에서 출발하는 세계의 축소판과 같다. 만물이 도에서 발생하는 과정을 이해하면, 그 모든 상황과 세계를 그저 수동적으로 받아들이는 자세에서 벗어나 그것을 바꿀 힘을 얻게 된다. 우리가 사는 사회에서 새로운 상호작용과 환경을 만들고 모든 것을 새롭게 이해하는 것이다.

이를 실천할 방법을 깨닫는다면 우리는 어린아이에 머무르지 않고 어머니가 될 수 있다. 새로운 현실을 잉태하는 어머니 말이다.

하늘 아래 모든 것은 시작이 있으니

하늘 아래 모든 것의 어머니라 여길 수 있다.

이미 그 어머니를 알았으니 이로써 그 아들을 알 수 있고

이미 그 아들을 알았으니 돌아가 그 어머니를 지키면

몸이 다할 때까지 위태롭지 않다.

세상 돌아가는 이치를 알면 우리는 단지 우주에 떠다니는 만물 중 하나가 아니라, 언제 어디서든 도를 재창조할 힘을 갖춘 존재가 된다.

모든 경계와 구분은 엉터리

어떤 상황에서든 도를 재창조하려면 일상생활에 스며 있는 구분과 경계가 얼마나 엉터리인지 알아야 한다. 예를 들어 아시아 철학에 익숙한 대부분의 사람은 자신을 세상과의 분리 또는 초연함을 옹호하는 사람이라 믿고, 영적 깨우침을 얻으려면 평범한 삶을 뒤로하고 산속으로 들어가야 한다는 식으로 생각한다.

이들은 세속적인 것에서 벗어나야 도와 더불어 하나가 될 수 있다고 여긴다. 명상으로 내적 행복을 찾고 자기를 이해하려는 노력이 바로 그런 태도다. 주변을 보면, 열흘간 침묵 수행을 하는 사람도 있다. 오래전부터 삶을 벗어나 애팔래치아 트레킹을 꿈꾸는 사람도 있다. 해변을 오래 걷거나 매주 요가 수업을 듣고 싶어 하는 사람도 있을 것이다. 그러나 도보 여행을 하든, 침묵 수행을 하든, 명상을 즐기든 결국 세상과 더 깊은 유대감을 느낀 짧은 시간을 뒤로하고 평범한 일상으로 돌아가야 한다.

우리는 대부분 이처럼 일과 여가, 공과 사, 영적 세계와 현실 세계, 주중과 주말 등 확연히 다른 영역에서 동시에 살아가고 있기에 어쩌면 당연하게도 삶을 분리된 것으로 인식하곤 한다. 주말에 숲을 산책할 때면 월요일 아침에 사무실에서 일할 때와는 완전히 다른 느낌이 든다. 주말 휴식은 삶에 활기를 불어넣고 에너지를 충전하는 효과는 어느 정도 지속되지만 어쨌거나 주중에는 근무를 해야 한다는 현실의 바깥에 존재한다.

이처럼 삶을 분리하고, 삶의 한쪽 영역은 다른 영역과 별개라고 믿는 통에 우리가 할 수 있는 것, 될 수 있는 것에 제약이 생긴다.《노자》는 영적 깨우침과 일상이 연관되는 것임에도 우리가 그것을 분리함으로써 둘을 근본적으로 잘못 이해했다고 말할 것이다.

우리는 주말에 숲을 산책하며 몸을 재충전하면 세상과도, 자신과도 다시 연결된다고 생각하는데, 이런 태도 때문에 사실은 세상과도, 자신과도 더욱 단절된다. 우리는 주중의 삶을 달리 생각해야 한다. 주말에 숲을 걸어야 도에 도달할 수 있는 것은 아니다. 일상의 상호작용에서도 적극적으로 도에 이를 수 있다.

우리는 삶의 다른 영역도 이런 식으로 구분한다. 야심과 목표를 추구하다 보면 어느덧 주변 사람과 경쟁하게 되고, 나를 그들과 분리한다. 또는 도덕적 확신이 강하다 보면 기성 종교, 일률적인 시험, 낙태, 안락사 등에 대한 자신의 견해를 맹신해 타인의 관점을 좀처럼 받아들이지 않으면서 자신과 타인 사이에 넘을 수 없는 벽을 세우기도 한다.

어떤 종류든 구분을 하는 것은 도에 어긋난다. 《노자》의 가르침에 따르면, 구분은 도덕적이고 옳게 보여도 위험하다.

> 큰 도를 버리니 인과 의가 생기고
> 지혜가 나타나니 큰 작위僞가 생긴다.

《노자》는 모든 구분을 철저히 거부했고, 유교의 기본 덕목인 인과 의, 즉 어짊과 옳음까지도 곧바로 구분을 유발한다는 이유로 위험하다고 보았다. 인을 열망하는 것은 세상에 그 반대가 존재할 가능성을 인정하는 것이다. 따라서 이런 사고방식이라면 모든 것이 구분 없이 연관되는 상태인 도에서 멀어진다.

우리는《노자》마저도 단절된 별개의 방식으로 읽는 경향이 있다.《노자》는 세계적으로 널리 번역된 대단히 인기 있는 문헌이지만, 사람들이 그것을 읽는 방식은 매우 다양하다. 위대한 신비 철학서로 보는 사람, 위대한 지도자들의 비법을 전수하는 정치 전략서로 보는 사람, 무술서로 보는 사람, 사업 안내서로 보는 사람 등등. 모두 맞는 해석이지만, 그 나름대로 한계가 있다.

《노자》를 신비 철학서로 읽을 경우, 도에 관한 이야기 중 신비스러워 보이는 구절에 집중한다. 위대한 지도자가 되는 안내서로 읽을 경우, "계곡의 신은 죽지 않는다" 같은 대목은 황당하고 무의미한 구절로 생각해 무시해버린다. 어쨌거나 신비스러운 현인이 되는 것은 위대한 지도자가 되는 것과 거리가 멀어도 한참 멀지 않은가?

《노자》를 지도력에 관한 안내서나 신비서로 읽을 경우, 전체 그림 중 일부만 보는 격이다. 사실 신비스러운 현인과 지도자는 별개가 아니다. 신비스러운 현인은 영향력 있는 지도자이고, 영향력 있는 지도자는 신비스러운 현인이다. 별개로 보이는 이 둘이 서로 연관된다는 사실을 눈치채지 못한다면 《노자》의 주장에서 아주 중요한 부분, 즉 우리 자신과 세계를 서로 구별되는 별개로 보지 말아야 가장 유능한 사람이 된다는 주장을 놓치는 꼴이다.

연관성은 의식적인 노력으로 이해한다 쳐도, 현실에서 엉터리 이분법에서 벗어나려면 정확히 어떻게 해야 할까? 우리가 자신도 모르게 노자의 방식을 구현하는 아주 흔한 사례를 살펴보자.

까다로운 직장 상사를 상대한다고 상상해보자. 그는 요구 수준도 높고 변덕스러운 사람이다. 나에 대한 기대치가 터무니없이 높으면서도 이렇다 할 지도나 피드백은 없다. 하지만 나를 그렇게 대하는 속사정을 이해하려 노력한다면 그와의 관계를 다른 방향으로 유도할 방법을 고민할 수 있다.

예를 들어 내게 거만하게 굴거나 나를 비하한다면, 상사에게 불안감이 도사리고 있음을 알 수 있다. 그리고 더 큰 맥락에서 가만히 관찰하면, 내게 그로 하여금 불안감을 일으키게 하는 요소가 내게 있는지 생각해볼 수 있다. 나에게 그가 경쟁심을 느낄 만한 능력이 있을 수도 있고, 그가 이용하고 싶은 약점이 있을 수도 있다. 나도 모르게 그런 상황을 촉발했을 만한 행동은 무엇이고, 그것을 바꿀 방법은 무엇일까? 가만 보니, 내가 프레젠테이션을 아주 잘해내면 그가 시켜서 한 일인데도 괜히 더 까칠하게 군다. 그렇다고 그가 위기의식을 느끼지 않도록 업무를 소홀히 할 수도 없는 노릇이다.

이때 상사의 경쟁심에 말려들지 않으면서 계속 일을 잘해내기 위한 방법을 생각해보자. 프레젠테이션을 하기 전에 사소한 내용이라도 그에게 조언을 부탁해 상사의 훌륭한 경험을 배우고 싶어 하는 직원처럼 보이는 것도 한 가지 방법이다. 이런 식의 행동으로 시간을 두고 천천히, 그리고 의도적으로 관계를 변화시키면, 상사는 자신을 명민하고 전도유망한 부하 직원에게 자리를 빼앗길 위험에 처한 구시대 사람이 아니라 동료의 성장을 돕는 노련한 인생 조언자라고 느낄 수 있다.

이번에는 세 아이를 둔 부모의 이야기다. 아이가 모두 폭설로 학교에 못 가고 집에 있다고 해보자. 그중 둘이 티격태격 싸우고, 거실에는 긴장감이 감돈다. 이때 싸우는 아이들을 잘 타일러 사이좋게 지내라고 설득할 수도 있다. 아니면 아이들에게 마음이 혹할 무언가를 줄 수도 있고, 그냥 각자의 방으로 들여보낼 수도 있다. 반면 싸움에 직접 반응해 둘 사이를 갈라놓는 전략을 구사하는 대신, 모두에게 일어난 상황을 이해한 뒤 방 분위기를 바꿔 현재 상황을 호전시킬 수도 있다. 감정(짜증과 신경질)이 분출한 때를 돌아보면서, 이 모든 상황을 초래한 근본적인 원인을 이해하는 것이다.

딸아이가 그렇게 행동하는 이유는 학교 친구들이 보고 싶어서일 수 있고, 아들 녀석이 무시당했다고 느끼는 이유는 엄마가 아침 내내 정신이 없었기 때문일 수도 있다. 숨을 한 번 크게 쉬고 침착한 태도와 부드러운 억양, 편안한 몸짓으로 분위기를 바꿔본다. 눈높이에 맞춰 아이들의 기분을 제대로 파악한다면, 어떻게 해야 한 아이에게서 다른 면을 이끌어낼지, 그래서 결국 그 아이와 다른 아이들의 관계를 호전시킬지 좀 더 쉽게 알 수 있다. 상황 이면에 놓인 전체 맥락을 다루는 것이다.

이번에는 십대 아이가 부모를 방에 못 들어오게 한다고 해보자. 부모는 어떻게 하면 고압적인 태도를 취하지 않고 아이 인생에 더 큰 영향력을 발휘할 수 있을지 고민 중이다. 고압적으로 대하면 아이는 더 멀어질 것이다. 이때 아이가 부모와 사이가 안 좋다고 생각하지 않고 유대감을 느낀다면, 부모에게 좀 더 잘 반응할 것이다. 따라서 어떤 식으로든 영향력을 발휘하기 위해 시간을 두고 유대감을 쌓아야겠다고 결심하면 부모로서 할 수 있는 일이 보일 것이다.

아이에게 자주 문자를 보낼 수도 있고, 아이가 푹 빠진 음악을 듣고 이러쿵저러쿵 판단하지 않고 가벼운 대화를 나눌 수 있고, 시간을 내서 아이가 정말 좋아하는 것을 함께 할 수도 있다. 공자식으로 말하면 새로운 의식을 도입하는 것이다. 건강하지 않은 요소를 다른 것으로 전환하고 두 사람의 관계를 개선할 기회를 마련하는 가상 의식이다. 이 의식으로 소통을 위한 새로운 상황을 만들어간다. 이는 누구도 눈치채지 못한다는 점에서 노자의 방식이기도 하다. 이런 방법은 티 나지 않게 이루어져야 한다.

명백한 문제를 직접 해결하기보다 별개의 사건과 감정을 다시 연결하려고 노력할 때, 비로소 주변 여건과 인간관계를 단기적으로나 장기적으로 모두 바꿀 방법을 생각해낼 수 있다. 그러면서 변덕스러운 상사와 계속 일을 함께 하려면, 싸우는 아이들을 서로 이해시키려면, 냉랭한 십대 아들에게 다가가려면 무엇을 해야 하는지 제대로 이해한다. 이런 상황에서 문제를 직접 해결할 묘책을 고민한다면 아마 답을 찾지 못할 것이다. 맞서거나, 달래거나, 좋아할 만한 물건을 주거나, 꾸짖거나, 회유하거나, 고압적으로 굴거나, 지나치게 간섭하는 식으로는 나와 상대 사이에 경계를 만들 뿐이다. 이는 우리를 힘의 대결에 빠뜨려 결국 분열의 골은 더 깊어질 것이다.

물론 이는 모두 상식이다. 까다로운 사람과 정면으로 맞서면 관계가 더 좋아지기 힘들다는 걸 우리도 잘 안다. 분별 있는 부모가 되려면 나도 침착하고, 남도 침착하게 만들고, 가뜩이나 스트레스가 쌓인 상황에 내 스트레스를 더 보태지 말아야 한다는 것도 안다. 하지만 노자식 접근법이 효과적인 이유는 단지 내가 지나치게 앞에 나서지 않거나 모두가 침착해서가 아니다. 별개의 대상을 새로운 방식을 통해 적극적으로 다시 연결하기 때문이다. 기존과 다른 연결 방식은 기존과 다른 환경을 만들고 나와 타인을 갈라놓았던 경계를 허문다.

어떤 상황에서는 특정 요소가 사람들의 행동 방식을 지배하기도 한다. 그 요소를 이해하면 상황을 전체적으로 파악해 어느 정도 영향력을 발휘할 수도 있다. 하지만 상황을 전적으로 새롭게 만든다면 더 큰 힘을 발휘할 수 있다. 이때 사람들은 내 각본대로 행동하되, 내가 그 각본을 썼다는 사실을 눈치채지 못한다.

모든 것은 도에서 나온다는 노자의 말을 기억하라. 내 주변에서 특정한 결과가 나오도록 힘쓴다면, 단지 도를 따르는 것을 뛰어넘을 수 있다. 공간의 분위기를 바꾸고 인간관계를 재정립한다면, 말 그대로 내가 곧 도가 된다.

약함에 강함이 있다

약함이 강함을 이기고
부드러움이 단단함을 이긴다.

이 세상은 완전히 별개의 것들(이 방, 저 개, 내 컵, 네 책, 너, 나, 그들)의 집합이라는 인식을 고집하면, 자신을 도에서 분리하는 것과 같다. 반대로 모든 것은 연결되어 있으며 내 행동이 곧바로 타인에게 영향을 미친다고 인식하면, 더욱 영향력 있는 사람이 된다. 모든 것이 서로 어떻게 연결되는지 이해하고, 모순 같지만 약함이 어떻게 더 큰 힘을 발휘하는지 인식한다면, 영향력이 어떻게 발휘되는지도 알 수 있다.

무슨 말인가 싶을 것이다. 우리 문화는 어쨌거나 강함과 야심에 더 큰 점수를 주지 않는가. 그러다 보니 당연하게도 남을 '앞지르는' 가장 효과적인 방법은 바로 앞사람을 앞지르는 것이라는 생각을 하게 만든다. 경쟁심이 조금도 없다면 뒤처질 거라는 걱정도 든다.

여기서 우리는 또 한 번 가짜 이분법에 빠진다. 야심 대 소극적임, 강함 대 약함. 《노자》를 읽은 많은 사람이 노자는 야심을 모두 버리고 소극적이고 나약해지길 가르친다고 생각하지만, 그것은 오해다.

《노자》는 변화를 적극 찬성하지만, 변화를 실현하는 방법에서 차이를 보인다. 우리는 전형적으로 내 뜻을 강요하는 식으로 야심을 드러낸다. 그러다 보니 지나치게 앞서가고, 엉뚱한 것에 집중하고, 몰락을 자초한다. 야심을 바라보는 견해와 그걸 추구하는 방식 탓에 곧잘 제 무덤을 파고 만다.

핏대를 세운다고 해서, 내 뜻을 남에게 강요해 힘을 얻으려 한다고 해서 당장 망하지는 않을 것이다. 망하기는커녕 오랫동안 성공을 누릴 수도 있다. 하지만 이때 도달 가능한 성공 수준은 내가 상대에게 실제로 어느 정도의 힘을 발휘해 굴복시키느냐에 달렸다. 결국 상대는 강한 분노를 느끼고, 내 힘을 꺾을 방법을 찾을 것이다. 중요한 것은 나를 꺾을 사람은 힘의 진정한 본성을 알고 있는 단 한 명이면 충분하다는 사실이다. 1947년 대영제국의 종말을 가져오는 데는 마하트마 간디 한 사람으로 충분했다.

앨라배마 주 몽고메리 출신의 로자 파크스를 보자. 1955년, 당시 42세였던 이 여성은 백화점에서 고된 근무를 마치고 버스에 올라, 백인 승객에게 자리를 양보하라는 버스 기사의 지시를 거부했다. 파크스의 회상에 따르면, 별안간 어떤 결단이 "겨울밤의 누비이불처럼" 자신을 감쌌고, 그 순간 자리를 옮기지 않기로 결심했다. 이 여성은 지금이야말로 행동에 옮길 때라고 깨달았을 뿐 아니라, 조용한 반응이 공격적인 반응보다 더 효과적이라는 사실을 감지했다. 그저 조용히 앉아 있겠다는 한 여성의 전략은 비슷한 공동체의 활동가들을 자극했고, 사람들은 그를 지지하며 평등 운동에 동참했다.

직장에서 어떤 사람이 가장 큰 힘을 발휘하는지 생각해보라. 늘 위세를 과시하며 남을 괴롭히고 다른 사람을 지배하려 드는 사람인가? 다른 이의 기분과 반응에 주목하고, 유머와 웃음으로 소통하고, 분위기를 파악하려고 애쓰는 사람인가? 어렸을 때 만난 선생님들은 어떤가. 어떤 선생님의 수업을 가장 집중해서 들었는가? 목소리가 크고 학생들에게 겁을 주던 선생님이었는가? 아니면 낮은 목소리로 조곤조곤 말하면서 어수선한 학생들을 수업에 집중하게 하는 등 사소한 전략과 적절한 침묵을 조화롭게 구사하던 선생님이었는가? 결국 어떤 사람이 가장 큰 영향력을 발휘하는지 우리는 잘 알고 있다. 하지만 그런 원칙을 내 행동에 얼마나 자주 적용하는가?

진정한 힘은 강함과 지배에 의존하지 않는다. 강함과 지배는 주변 사람이나 사물과 관계를 맺을 수 없게 한다. 세상을 명백한 힘의 균형의 집합으로 보는 순간, 자신을 타인과 구분하는 순간(내 뜻을 강요하는 식으로든, 경쟁으로든, 소원해짐으로든), 도를 잃어버린다.

우리는 여러 차원에서 이런 상황을 목격한다. 누군가가 나를 때리려 한다고 해보자. 우리는 이때 무엇이 적절한 반응인지 잘 안다고 생각한다. 그 사람보다 더 세게 그를 때릴 것. 그러나 도를 제대로 이해하는 사람이라면 정반대로 행동한다. 나를 공격하려는 사람은 어느 순간 몸을 과도하게 움직일 것이다. 최선의 방법은 그 사람을 의식하며 가만히 있다가 그가 몸을 움직이는 순간을 정확히 포착하는 것이다. 이때가 몸을 날려 적의 약점을 공격할 순간이다. 그가 나를 때리려고 몸을 늘이는 순간의 탄력을 이용하면 그를 제압할 수 있다. 이것이 유도를 비롯한 여러 무술의 기본 개념이다. 노자식으로 말하면, 약함으로 강함에 맞서는 것이다.

나를 지배하려는 사람은 대상을 구분하고 도를 거스르는 사람이다. 반면 《노자》에서 말하는 '약함'은 별개 요소들을 연결하고, 감지하고, 작동하는 것을 기초로 한다. 바로 여기서 힘이 나온다.

천하를 얻으려고 애써 무언가를 한다면, 나는 그것을 얻을 수 없다고 본다.
천하는 신묘한 그릇이라 그렇게 될 수 없다.

애써 하려 하면 실패하고, 잡으려 하면 잃을 것이다.

　19세기 초 프랑스의 나폴레옹은 그때까지 세계에서 가장 막강한 군대를 창설하고 로마시대 이후 가장 강력한 유럽 제국을 건설했다. 야심 차고 권력에 굶주린 나폴레옹 황제는 러시아를 침공하기로 결심한다.

　러시아 장군들이 《노자》를 읽었을 리 없지만, 힘과 약함을 바라보는 《노자》의 시각 이면에 있는 원칙만큼은 확실히 이해했다. 이들은 나폴레옹이 침공했을 때, 힘을 힘으로, 강함을 강함으로 맞서려 하지 않았다. 이들은 '후퇴했다.' 프랑스 군대가 러시아로 더 깊이 들어오자 다시 한 번 후퇴했다. 프랑스군은 러시아 영토로 점점 더 깊숙이 진군했다. 그러면서 고국에서 물품을 들여오는 보급로 사정이 서서히 안 좋아졌다. 프랑스군은 모스크바 외곽까지 진군했다. 이때 러시아 장군들은 다시 한 번 후퇴했다. 이들은 모스크바를 떠나면서 주요 건물을 불태우고 식량을 남김없이 쓸어 갔다. 1812년 9월, 나폴레옹은 모스크바를 점령하고 자신을 러시아 제국의 통치자, 인류 역사를 통틀어 가장 위대한 황제라고 선언했다. 그리고 러시아 차르 알렉산드

르 1세에게 항복을 요구하면서 여러 조건을 제시한 서한을 보냈다. 차르는 아무 답도 하지 않았다.

겨울이 오고, 모스크바에 식량이 떨어졌다. 하지만 식량을 비롯한 보급품은 러시아의 혹독한 겨울 날씨를 뚫고 들어오지 못했다. 유럽 역사상 가장 막강한 군대가 굶어 죽기 시작했다. 다가오는 비극을 직감한 나폴레옹은 후퇴할 수밖에 없었다. 날씨는 점점 더 혹독해졌다. 프랑스군이 자국 영토로 모두 퇴각해 돌아왔을 때, 50만이던 병사는 고작 몇천 명밖에 남지 않았다. 이로써 프랑스 제국은 막을 내렸다.

도에 어긋나는 것은 일찍 끝난다.

자연스러워 보이는 세계

일이 지독히 안 풀린 하루, 당신은 스트레스가 이만저만이 아니다. 프레젠테이션을 두 건이나 준비해야 했고, 어제 밤 10시에 딸아이가 다음 날 학교 프로젝트에 쓸 학용품이 필요하다고 말하는 바람에 잠도 제대로 못 잤다. 하루 종일 회의 하나가 끝나면 또 다른 회의가 이어졌다. 오후 3시가 되도록 초콜릿밖에 못 먹었다. 3주 전에 잡아놓은 회의에도 이제 곧 참석해야 한다. 그때는 회의를 준비할 시간이 있을 줄 알았다. 사실 그래서 그 회의를 주도하겠다고 자청했는데, 지금은 해야 할 회의가 하나 더 남았다는 생각만으로도 짜증이 밀려온다.

이제 어떤 일이 벌어질까? 회의실로 달려가 사람들한테 치이고, 스트레스 받고, 압력솥 같은 삶에 화가 난 상태로 어떻게든 업무를 해치울 것이다. 하지만 이때 내 스트레스와 분노와 극도의 피로가 회의에 참석한 다른 사람들에게 옮겨 가기 시작한다. 그리고 그들에게서 스트레스, 분노, 극도의 피로를 유발한다. 내가 어떤 제안을 하면 사람들은 아마도 반대 의견을 낼 것이다. 사무실에 언쟁의 기운이 감돌기 때문이다. 내가 제안한 내용과 관계없는 사소한 의견 충돌이 일어나기 시작한다. 그 때문에 분위기는 엉망이 되고 회의가 끝났을 때 내 기분은 전보다 더 고약해졌다.

누구나 이런 회의를 한 경험이 있을 것이다. 미묘하게 분노의 기류가 흐르고 결국 언짢은 감정으로 상황이 안 좋게 마무리된다. 사실 우리 대부분이 이런 경험을 한다. 이런 일은 나를 다른 사람과 별개로 보고, 나도 모르게 내 언짢은 기분을 상대에게 전달할 때 일어난다.

《노자》는 어떤 상황에서든 가장 큰 영향력을 발휘하는 사람이 누구인지 매우 구체적으로 언급한다. 무위無爲를 실천하는 사람, 즉《노자》에 따르면 움직이거나 행동하지 않는 듯 보이지만 실제로는 대단히, 아주 대단히 막강한 사람이다. 덫으로 나폴레옹을 깊숙이 유인한 러시아 장군들을 보라. 무위를 실천하는 사람은 행동하지 않는 것처럼 보인다. 그러나 사실은 모든 것을 지휘한다.

여기 대안이 될 만한, '도'에 더 잘 어울리는 시나리오가 있다. 회의를 주도하겠다고 자청했던 앞의 사례로 돌아가 보자. 상황은 똑같다. 힘들고 정신없는 하루를 보냈고, 남은 회의도 다른 많은 회의에 더해진 의무처럼 느껴진다.

서둘러 회의실로 뛰어간다. 하지만 이번에는 회의실로 들어가기 전에 문 앞에 서서 심호흡을 하고 마음을 가라앉힌다. 나를 진정시키고, 스트레스와 분노를 낮추는 것이다. 이제 회의실에서 모든 것을 별개로 보지 않을 수 있다. 자신을 진정시킬 때 우리는 도에 더 가까워진다.

나를 진정시킨 뒤, 회의실로 들어가자마자 회의실과 회의실에 앉아 있는 사람들에게서 복잡한 사정을 감지한다. 어떤 사람은 스트레스에 시달리고, 어떤 사람은 여유롭고, 또 어떤 사람은 들뜬 기분으로 앉아 있다는 걸 직감한다. 이제 서로 다른 이들과 합의해 회의를 생산적으로 만들어야 한다. 조용히 말 한마디 하지 않고 그저 주변을 흘끗 둘러보고 사람들의 상태를 알아낸다.

자리에 앉아서도 소리치지 않는다. 이를테면 "자, 잘 들으세요. 우리가 해야 할 일은 이겁니다!"라고 말하지 않는다. 가만히 앉아 침착한 분위기를 유지할 뿐이다.

물론 안건도 있고, 목표도 있다. 일을 진행하는 방향에 대한 바람도 있다. 하지만 내 의견을 드러내놓고 강하게 말하기보다 사람들에게서 반응을 이끌어낸다. 몇 가지 질문을 던지고 요점을 짚어내기도 하며, 억양과 단어와 시선을 적절히 선택해 사람들이 내가 원하는 방향으로 움직이도록 분위기를 조성한다. 참석자들이 이야기를 하기 시작하면 침착하고 열린 태도로 관심을 보여 그들이 자유롭게 자신의 생각을 말하게 한다. 이제 사람들은 서로를 이해하게 된다. 의견을 주고받으며 계획을 세운다. 나는 미소를 짓거나 눈살을 찌푸리거나 고개를 끄덕이는 등 무언의 소통 방식으로 찬성이나 반대 의견을 표시하며 그들이 계획을 수립하는 것을 돕는다.

어쨌거나 내가 책임자인 건 분명하다. 그러나 내가 앉아 있는 방식, 사람들과 눈을 마주치는 방식, 호감 가는 목소리로 사람들의 생각에 의견을 표시하는 방식 때문에 동료들은 내가 해당 안건을 어느 정도 지휘하고 있는지 인식하지 못한다. 특정한 몇 가지 계획을 놓고 사람들이 서로 연결되는 사이 서서히 의견이 모인다.

회의가 끝날 때 참석자들은 자리를 뜨면서 '와, 이번 회의는 대단했어. 회의가 매끄럽게 저절로 굴러간 것 같아'라고 생각할 수도 있다. 그러나 실제로는 '내가' 회의를 이끌었다. 나는 순전히 무위라는 원칙을 구현한 행동으로 회의실 분위기를 바꿨다. 조용히 눈에 띄지 않게, 모두가 연결되고 자신의 생각에 흥분하는 세계를 만들었고, 마침내 다른 누구보다도 나은 결과를 얻었다. 사람들이 회의실에 들어오면서 예상했던 것과는 다른 결과다. 나는 따름으로써 이끌었다. 내가 곧 도였다.

현인이 된다는 것은 사람들을 잘 파악하는 데서 끝나지 않는다. 현인이라면 가족이든, 친구든, 동료든 누군가를 마주칠 때마다 부드러움과 융통성으로 내 주위를 하나의 세계로 만든다. 내가 만든 작은 세계 안에서, 타인이 생각하고 느끼는 방식을 바꿀 수 있다.

진정한 영향력은 눈에 띄는 힘이나 의지에서 나오지 않는다. 그것은 무척 자연스럽게 느껴져 누구도 의문을 제기하지 않는 세계를 만드는 데서 시작된다. 이것이 노자식 현인이 막강한 영향력을 발휘하는 방식이다.

노자가 말하는 지도자

(지도자가) 공을 이루고 일을 완수해도
백성들은 하나같이 "저절로 그리 되었다"고 말한다.

《노자》에 따르면 힘이나 권력을 지속적으로 유지하려면 단단함이 아니라 부드러움으로, 사람들을 지배하기보다 서로 연결하면서 무한히 더 큰 영향력을 발휘할 수 있어야 한다. 그런데 노자식으로 볼 때 대단히 영향력 있는 사람이 되는 것은 새로운 세계를 만드는 능력에 달렸다. 그것은 새로 생겨났지만 무척 자연스러워서, 사람들이 이전과 다르다고 생각하지 못하는 세계다. 따라서 진정한 힘과 영향력은 직접적 행동이나 눈에 띄는 전략에서 나온다기보다 극적으로 다른 현실이 조성될 토대를 다지는 데서 비롯된다. 작은 것에서 시작할 수 있는 방법이며, 나중에는 세계를 바꿀 변화를 이끌어내는 방법이다. 이를 실천한 역사적 인물 몇 사람을 살펴보자.

미국에서는 아이들에게 미국은 독립선언문에 명시된 대로 모든 인간은 평등하게 태어난다는 믿음에 충실한 나라라고 가르친다.

그러나 19세기 중반 미국에서는 이런 사고방식을 전혀 받아들이지 않았다. 당시에는 독립선언문이 아니라 미국 헌법을 건국 문서로 인식했는데, 여기서는 노예제를 당연하게 취급했다. 에이브러햄 링컨은 1863년 게티즈버그 연설에서 모든 인간은 평등하게 태어난다고 주장했다. 대통령의 이 발언은 독립선언문이 미국의 건국 문서이며, 미국은 모든 사람이 평등하게 태어난다는 믿음에 헌신한다고 암암리에 주장한 것이다.

이 연설의 파급력은 폭발적이었다. 언론은 못 믿겠다는 분위기였다. 이들은 미국은 그런 믿음 따위에 충실하지도 않고, 독립선언문이 미국의 건국 문서도 아니라고 주장했다. 그러나 링컨의 생각이 결국 승리를 거두었고, 나아가 미국 전체의 통념으로 받아들여졌다. 오늘날 미국인은 독립선언문이 건국 문서이며 만민 평등 사상은 '애초부터' 미국의 건국 원칙이었다고 믿는다.

이 생각은 이후 많은 발전의 기초가 되었다. 예를 들어, 링컨이 게티즈버그에서 연설을 한 지 1세기가 지난 뒤 마틴 루서 킹 주니어 박사는 인종에 관한 한 미국인은 말로만 모든 인간은 평등하게 태어난다고 외칠 뿐 실제로는 그 가치를 지키지 않는다고 주장했다. 그가 이렇게 주장할 수 있었던 것은 미국 사회가 평등을 통념으로 받아들였기 때문이다. 그리고 평등이 통념이 된 것은 링컨이 평등을 주장한 뒤의 일이다.

한편 미국인은 삶에서 정부의 역할을 어떻게 받아들일까? 우리는 경제가 번영하려면 정부가 어떤 식으로 개입해야 하는가를 두고 격렬한 논쟁을 벌이지만, 정부의 역할이 특정 수준을 넘어서야 한다고 생각하는 사람은 거의 없다.

대공황이 절정일 때 프랭클린 루스벨트Franklin Roosevelt는 정부 역할을 확대해 경제를 재건하고 어려운 사람을 도와야 한다고 생각했다. 그가 새로운 개혁안을 제안하자 연방 대법원은 그것이 미국 헌법에 위배된다고 주장했다. 그러나 여러 차례 정치적 논쟁을 벌인 끝에 '뉴딜'이라 알려진 루스벨트의 개혁이 시행되었다. 이 개혁으로 새로운 거대 연방 정부가 탄생해 경제를 규제하고, 재정을 통제했다. 아울러 노인에게는 '사회보장' 형태로 재정적 지원을 하고, 가난한 사람에게는 복지 제도로 도움을 주었다.

루스벨트는 개혁을 위한 자금을 마련하기 위해 좀 더 혁신적인 조세 제도를 도입했다. 이는 전에 없던 제도로, 가장 높은 세율이 90퍼센트에 이르렀다. 이 급진적이고 새로운 국정 운영 방식은 큰 성공을 거두어, 결국에는 미국 사회의 통념이 되었다. 재정 부문을 통제하고, 통상을 규제하고, 독점 증대를 막고, 대단히 혁신적인 조세 제도를 유지하는 이러한 규제 국가 모델은 이후 수십 년간 지속되었다. 민주당과 공화당 모두 이를 지지했다. 이후 수십 년 동안 큰 폭의 세금 감면은 딱 한 번 있었는데, 민주당의 존 F. 케네디와 린든 B. 존슨이 세율을 70퍼센트까지 줄인 일이었다.

이 규제 국가 모델은 거대한 공공 기반 시설 프로젝트를 실시하고 광범위한 교육 제도를 구축해, 미국 역사상 가장 오랫동안 경제 팽창을 이룩하는 결과를 낳았다. 이 모델이 큰 성공을 거두자 다른 나라도 미국의 정치·경제 제도를 참고했다. 그리고 이 모든 것이 국가 운영의 통념이 되었다.

오늘날 우리는 더 이상 그런 세계에 살지 않는다. 미국에서 90퍼센트 세율은 누구도 상상할 수 없다. 정부는 경제 규제와 재정 통제에서 최소한의 역할만 해야 한다는 게 상식이 되었다. 규제와 통제가 경제성장을 약화한다고 믿기 때문이다. 이런 변화는 1980년대에 일어났다.

1980년, 미국의 미래에 대한 생각이 완전히 달랐던 로널드 레이건Ronald Reagan이 대통령에 당선되면서, 뉴딜 개혁은 미국 경제를 구한 정책이 아니라 후퇴시킨 정책으로 묘사되었다. 레이건과 그를 따르는 공화당원들은 특히 재정, 교육, 공공 기반 시설에서 정부의 규제 제한을 지지하면서 세율을 낮춰 경제 발전을 촉진해야 한다고 주장했다. 레이건 당선 초기에는 이런 견해가 큰 논란을 일으켰지만, 1990년대에 이르자 다시 사회 통념이 되었다. 아닌 게 아니라 빌 클린턴Bill Clinton 대통령이 재임한 1990년대에는 이 정책이 이른바 '워싱턴 컨센서스Washington Consensus'라고 불리며 민주당과 공화당에서 모두 채택되었다.

이 사고방식은 다시 한 번 경제를 운용하는 자연스러운 방법으로 인식되었고, 경제적·정치적 행동을 이해하는 적절하고 유일한 방법으로 전 세계에 퍼져나갔다. 이제 90퍼센트의 세금을 부과한다는 것은 상상할 수도 없는 일이 되었다. 이 세율이 한때 사회 통념이었을 뿐 아니라 부유한 국가를 운영하는 데 필수라고 인식되었던 사실이 무색할 정도다.

◎

그렇다면 우리가 당연하게 여기는 이 세계는 언제 출현했을까? 변화는 정확히 언제 일어났을까?

위 세 가지 사례에서 링컨, 루스벨트, 레이건은 《노자》 속 철학을 완벽하게 실천했다. 세 사람 모두 대단히 논쟁적인 새로운 견해를 매우 자연스럽게 보이도록 하는 능력이 있었다. 《노자》에 나오는 말로 표현하면 이렇다.

도는 항상 아무것도 하지 않지만, 이루어지지 않는 것이 없다. 군주가 이를 지킨다면 만물은 장차 저절로 변할 것이다.

에이브러햄 링컨은 헌법이 아닌 독립선언문이 미국의 건국 문서라고 드러내놓고 주장하지 않았다. '헌법이 미국의 건국 문서이지만 독립선언문이 건국 문서라고 가정해보자'라는 식으로 연설을 시작하지도 않았다. 그보다는 미국 역사상 손꼽히는 감동적인 연설문을 썼다. 그는 이런 유명한 말로 연설을 시작했다. "80년 하고도 7년 전, 우리 아버지들은 이 대륙에 새로운 나라를 세웠습니다. 자유 안에서 잉태되고, 모든 인간은 평등하게 태어난다는 믿음에 충실한 나라입니다." 링컨은 존재한 적 없는 과거를 슬그머니 언급하며, 역사를 다시 썼다. 독립선언문은 건국 문서가 아니었고, 모든 인간은 평등하다는 말에 노예를 포함한 것은 그의 재해석이었다. (독립선언문 초안을 쓴 토머스 제퍼슨 Thomas Jefferson을 포함해) 건국의 아버지 중 상당수가 당연히 노예 소유주였고, 이들이 말하는 '인간'의 정의에는 오직 백인만 포함되었다. 링컨의 연설은 이 두 가지 점에서 실제로는 거짓이었다. 하지만 그는 호소력 있고 인상적인 미래상을 제시함으로써 앞으로 통념이 될 개념의 씨를 뿌렸다. 이제 미국인이라면 누구나 미국 연설의 표준이 된 게티즈버그 연설 전문을 암기한다.

루스벨트는 자신을 힘든 시기를 겪는 미국을 구하려는 급진적이고 혁명적이며 전투적인 인물로 이미지화하지 않았다. 그보다는 라디오에 나와 '난로 옆에서 한담을 나누는' 온화한 할아버지처럼, 대공황의 어려움을 겪고 있는 사람들을 돕고 몇 가지 실질적인 제안을 하는 사람이 되어 서서히 모든 미국인의 사랑을 받았다. 이처럼 그는 국가의 역사에서 근본적 전환점을 만드는 새로운 구상을 하는 사람이 아니라 조언을 해주며 사람들을 돕는 사려 깊은 이웃이라는 인상을 심어주었다(그는 여러 해 뒤에도 이 전략을 구사해, 유럽에서 심각한 충돌을 일으키지 않겠다고 맹세한 뒤 고립주의를 추구하던 미국을 가차 없이 전쟁터로 끌어냈다. 이때 그는 동맹국인 영국에 무기를 제공하는 것을 이웃에 정원 호스를 빌려주는 행위에 부드럽게 비유했다).

레이건도 자신의 이미지를 개인의 자유가 보장되는 영광스러운 과거의 미국으로 되돌려놓으려 애쓰는 다정하고, 재치 있고, 상냥한 사람으로 만들었다. 정치 경력 초기인 캘리포니아 주지사 시절에 그는 선동가였다. 그러나 대통령이 된 뒤에는 부드러운 이미지로 미국의 과거와 현재를 이야기했다. 그는 배우 경력과 당당한 지도자 경력을 언급하며, 전형적인 미국 카우보이 이미지를 구축했다. 여기에 유쾌하고 이성적인 가장의 분위기를 더했다. 1980년 대선 당시, 레이건은 지미 카터 대통령과 함께한 텔레비전 토론에서 상대방의 주장에 직접 반박하지 않고 그저 손사래와 함께 큭큭 웃으며 이렇게 대꾸했다. "또 시작이군요." 이 장면은 선거에서 중요한 전환점이 되었다.

레이건은 대통령 전용 헬리콥터에서 내릴 때마다 거수경례를 한 최초의 대통령이 되었다. 이 행위에는 대중에게 최고사령관이라는 이미지를 전하는 상징적 의미가 있었다. 사실 헌법은 대통령을 민간인으로 규정하고, 군법에 따르면 민간인은 거수경례를 해서는 안 된다. 하지만 그 사실은 중요치 않았다. 미국이 스스로를 나약하다고 여기던 시기에, 거수경례는 레이건이 군에 경의를 표하는 모습으로 인식되었다. 이후로 거수경례를 하지 않는 미국 대통령은 상상할 수 없게 되었다.

세 대통령은 자상한 이웃 할아버지 또는 우리에게 더 고차원적 태도를 주문하는 위대한 연설가라는 미국의 상투적 이미지를 끌어들였다. 그리고 레이건이 화려한 운명을 개척하는 카우

보이를 암시했듯 은근슬쩍 전통에 기대기도 했다. 세 사람은 이 모두를 엮어, 새로운 현실의 도래를 알리는 새로운 미래상을 만들었다.

오늘날 우리가 당연히 여기는 세계는 예전부터 존재했던 그 모습 그대로의 세계가 아니다. 이 세 사람은 급진적인 새 질서를 만들면서도 대중이 그것을 지극히 자연스럽게 받아들이도록 하는, 노자가 말한 현인에 정확히 들어맞는 인물이다.

세 사람 모두 대통령으로서 무엇보다도 권위가 있었다. 그래서 애초부터 유리한 위치를 차지했다고 단정할 사람도 있을 것이다. 그러나 노자의 관점에서 볼 때, 강자의 위치에 있으면 그 강함으로 약함을 제압하려는 유혹에 굴복하기 쉽다. 그러나 링컨, 루스벨트, 레이건은 약함을 이용해 자신의 세계를 효과적으로 창조했다. 이것은 로자 파크스와 간디에게도 효과적인 방법이었고, 직장인이 까다로운 상사를 대할 때도 사용해볼 법한 방법이다. 이들은 다소 모호한 전략을 구사해, 자신의 뜻을 대놓고 강요할 때보다 훨씬 더 많은 것을 성취할 수 있었다.

《노자》는 언제든지 약함으로 강함을 물리칠 수 있다고 주장한다. 강자의 위치에 있다면 약함을 이용하고, 약자의 위치에 있

다면 역시 약함을 이용하라. 어느 지위에 있든 약함을 이용하
라. 그래야 상황을 더 나은 쪽으로 바꿀 수 있다.

전설에 따르면 노자는 단지 현인이 아니라 도를 창조한 신이
었는데, 그 전설을 마냥 공상으로 치부할 수는 없다. 도는 자연
스럽고 변치 않는 질서, 우리가 찾아내 그것과 조화를 이루며
살아야 하는 질서에 존재하지 않는다. 그보다는 노자가 보여주
듯, 우리는 주변의 모든 것을 적극적으로 연결해 도를 만든다.
우리는 누구나 노자나 현인이 될 잠재력뿐 아니라 새로운 세계
를 창조할 잠재력도 가지고 있다.

활력에 대하여

《내업》| 마치 신과 같이

주변 사람 중 카리스마와 활력이 넘치는 사람을 떠올려보라. 그를 '영혼이 충만한' 사람이라고 생각해본 적이 있는가? 그와 함께 있으면 기분이 좋아지고, 나를 포함해 주변 사람 모두 기운이 충전되는 경험을 한 적이 있는가?

또 체력이 바닥나 "기운이 빠졌다"고 말할 때 자신이 어떤 상태인지 떠올려보라. 목소리는 가라앉고, 정신은 몽롱하다. 이불 속으로 기어 들어가 자고 싶은 마음밖에 없다.

우리는 앞서 말한 사람처럼 원래 활기차고 기운이 넘치는 사람이 따로 있다고 생각하곤 한다. 아니면 하루가 끝날 때면 보통 기운이 다 빠져나가 피곤해지고 날이 밝아오면 힘을 회복하려니 생각한다.

그런데 수련으로 영혼이 충만해질 수 있다면, 그리고 기운이 빠지고 활력을 잃은 이유가 나 자신에게 있다는 걸 안다면 우리 삶은 어떻게 달라질까? 기원전 4세기 중국에서 출간된 작자 미상의 자기 신격화 운문 모음집 〈내업內業〉은 바로 이 질문에 초점을 맞춘다. 살아 있다는 기분을 더 강하게 느낀다는 것은 어떤 의미이며, 그러려면 무엇이 필요한가?

마치 신과 같이

그 나무 열매를 따먹기만 하면 너희의 눈이 밝아져서 하느님처럼 선과 악을 알게 될 줄을 하느님이 아시고 그렇게 말하신 것이다.

– 창세기 3장 5절

활력과 인간의 행위능력에 관해 우리가 당연하게 생각하는 것 중 상당수는 신성에 관한 오래된 개념에 기초한다. 인류가 등장했을 때부터 인간은 자신이 상상한 신성한 존재를 흉내 내 어떻게 살고 어떻게 중요한 사람이 되는가를 배웠다.

행위능력에 관한 가장 흔한 믿음은 전능한 신과 창조주를 본 보기로 삼는다. 세상을 만들고, 산을 옮기고, 옳음과 그름의 명확한 표준이 있는, 묵가에서 말하는 '하늘' 같은 것이다.

어떤 행위를 한다는 것은 나를 옹호하거나 내가 원하는 것을 얻기 위함이라고 생각할 때, 그리고 행위능력을 창조나 통제 또는 소유의 관점에서 생각할 때, 우리는 자신도 모르게 과거부터 내려오는 신성과 관련한 개념에 의존한다. 우리는 정도는 약하지만 스스로를 신과 비슷한 방식으로, 나만의 행위능력을 행사하는 존재로 여긴다. 이를테면 우리는 바위를 들어 올리고, 집을 사고, 경기에서 이길 수 있다. 이런 식으로 변화를 이끌어내고 내 의지를 관철한다. 원하면 지구의 풍경도 바꿔놓을 수 있다.

사람들은 오래전부터 행위능력을 그런 식으로 인식해왔다. 초기 인류는 신을 흉내 내려는 충동이 있었고, 더불어 차츰 내면에 신성을 키우려는 성향이 커져갔다. 이른바 주축시대에 이르러서는 성직자가 인간과 신을 중재하던 청동기시대의 관행을 거부하고, 대신 '모든' 인간은 어느 정도 신성을 갖추고 있다고 주장하는 종교적 움직임이 생겨났다. 고대 그리스에서 엠페도클레스Empedocles(소크라테스 이전의 시인이자 철학자)와 플라톤 등 다양한 사람들이 내면적으로 이런 신성을 수양했다. 플라톤은 '신적 황홀'을 이야기했고, 아리스토텔레스조차 수양으로 인간을 초월하는 '신적 이해'에 도달하는 법을 언급했다. 인도에서도 비슷한 움직임이 있었다. 철학서《우파니샤드Upanishad》는 숨쉬기와 명상 같은 훈련으로 신성에 직접 다가가라고 촉구한다.

몇 세기가 지나 초기 그리스도교에서 내면의 신성을 발견하는 우리의 능력을 강조하는 사람들이 생겼다. 초대 교회는 이런 그노시스gnosis(영적 인식, 깨달음)적 움직임을 이단이라 부르며, 하느님과 인간의 절대적 구분을 고집했다. 하느님처럼 된다는 악마의 꼬임에 넘어가 사과를 먹은 죄로 하느님은 아담과 하와를 천국에서 쫓아내지 않았던가. 인간이 신을 닮으려 해서는 안 된다는 권고는 대단히 막강했는데, 그 이유는 신을 닮으려는 욕망이 인간의 역사 내내 꾸준히 이어졌기 때문이다.

그러나 16세기 종교개혁은 엘리트 사제의 중재 없이 곧장 하느님에게 다가갈 수 있는 개인 내면의 신성 개념을 되살렸다.

인간에게 잠재된 신성은 19세기 후반과 20세기에 더욱 강조되었다. 19세기 독일 철학자 프리드리히 빌헬름 니체Friedrich Wilhelm Nietzsche는 "신은 죽었다"며 인간이 신의 자리를 차지할 수 있다고 주장했는데, 이는 자신의 의지를 세상에 부여하는 개인의 잠재력과 권리에 초점을 맞추는 근대적 사고방식을 잘 보여준다. 아돌프 히틀러Adolf Hitler와 베니토 무솔리니Benito Mussolini는 여기서 한 걸음 더 나아간 사람들이다. 이들은 자신을 니체의 '초인超人', 즉 새로운 세계 질서를 창조하는 사람으로 보았다.

예전보다 훨씬 세속화한 오늘날에조차 초기 그노시스적 전통에 뿌리를 둔 자기 신격화에 대한 관심이 되살아나고 있다. 물론 자기 신격화라는 말을 대놓고 쓰지는 않지만. 우리는 주변에서 신처럼 행동하는 사람을 종종 본다. 그들은 내면에서 신적인 빛(또는 진정한 자아)을 찾기도 하고, 우주를 지배하는 사람처럼 행동하기도 한다. 이때 개인이 어느 정도까지 이런 식으로 행동할 수 있는가를 두고 논쟁을 벌일 수도 있고, 지나치게 권력에 굶주리거나 자기도취에 빠진 사람이라 경멸할 수도 있을 것이다. 그렇더라도 그런 행위 밑바닥에 깔린, 자기주장을 확실히 함으로써 신적인 존재가 된다는 생각 자체를 부정하지는 않는다.

우리는 대개 이런 식으로 살아갈 때 느끼는 권력 지향을 활력 및 생기와 결부시킨다.

그러나 신성의 본보기는 이것이 전부가 아니며, 활력의 본보기는 더더욱 그렇다.《내업》은 인간에게 좀 더 신성에 가까워지라 한다. 인간은 수양을 통해 신성을 얻어 세상을 바꿀 수 있고, 바꿔야 한다고 말한다. 그러나《내업》의 저자들은 의지를 강조하지 않았고, 따라서 신神, spirit을 세상에 실력을 행사하거나 타인에게 자기주장을 하는 존재로 정의하지 않았다. 그보다는 교양이 풍부하고, 카리스마가 있으며, 주변과 조화를 이루고, 모든 것과 연관되어 있다는 사실만으로 세상을 바꾸는 존재로 묘사했다.

이는 인간 행동의 또 다른 본보기이며, 삶을 살아가는 다른 방식을 고민하게 하는 본보기다. 행위와 행위능력을 지배가 아닌 연관에서 나오는 것이라 재정의할 때, 우리는 본질적인 면에서 신성에 더 가까워지고, 더욱 생기 넘치는 삶을 살아갈 수 있다.

활기

우리는 살아 있음을 느끼게 하는 일들을 이미 일상적으로 많이 하고 있다. 가장 단순한 행위는 심호흡이다. 심호흡은 현재 서양에서 불안과 스트레스 치료법의 일부가 되었지만, 사실 그 뿌리는 고대 전통에 있다.《내업》은 심호흡을 단순한 숨쉬기 이상이라고 말한다. 우리는 숨쉬기로 자신을 달래고, 부정적 감정을 가라앉히고, 마음을 편히 하는 데 도움이 되는 기운을 들이마신다.

요가 수업이나 명상처럼 따로 시간을 내지 않고도 평상시에 늘 차분한 심호흡으로 이런 종류의 기운을 받아들일 때 어떤 효과를 얻을지 상상해보라. 이런 심호흡을 정기적으로 한다면 기가 빠질 일은 없을 것이다.

살아 있음을 느끼게 하는 또 하나의 예는 운동이다. 토요일 아침의 달리기는 기운을 모으는 행위다. 정확히 말하면 내게 기운을 불어넣는 행위다. 물론 다리는 후들거리고, 땀은 비 오듯 흐른다. 하지만 그러면서도 황홀함을 느낀다. '달리기의 황홀경 runner's high'이라고 부르는 느낌이다. 과학에서 말하는, 뇌에서 분비되는 화학물질 '엔도르핀'을《내업》에서는 내 안에 흐르는 정기精氣 또는 혼魂이라고 본다. 이처럼 기운이 넘친다는 느낌이 들 때, 우리는 사물을 더욱 선명하게 바라보고 더 예민하게 느끼며, 이때 나와 세계 사이에 놓인 벽이 서서히 무너진다.

운동 뒤에 느끼는 흥분을 직장에서 창조적이고 신나는 일을 해냈을 때 드는 기분과 비교해보라. 이때 맛보는 쾌감은 달릴 때 느끼는 쾌감과 같다. 행복과 활력이 온몸을 휘감는 느낌이다. 또 콘서트나 경기장에서 주변의 낯선 사람들과 하나가 되는 믿기 힘든 일체감을 떠올려보라. 군중의 기운이 내 안에 진동하고 나를 휘감는다.

이 모두가 활력을 북돋아주는 기운이다. 얼굴이 상기되는 것은 살아 있다는 느낌이 더 강렬해지기 때문이지, 단지 내가 뛰고 있어서만은 아니다. 만족감을 느끼는 이유는 살아 있다는 느낌이 더 강렬해지기 때문이지, 단지 좋은 프레젠테이션 아이디어가 떠올라서만은 아니다. 친구와 깊이 있는 대화를 나눌 때면 유대감을 더 강하게 느낄 뿐 아니라 살아 있다는 느낌도 더 강렬하게 다가온다. 신체 활동이든, 정신 활동이든, 사회 활동이든, 어떤 활동을 할 때 느끼는 흥분이나 세상과 하나 되는 느낌은 신체적 느낌과 동일하다. 《내업》에 따르면, 우리가 체험하는 것은 모두 기에서 나온다. 이 기 가운데 가장 신묘한 기운, 즉 흥분되고 살아 있다는 느낌을 주는 것은 신성한 기운이다.

세계가 기로 이루어졌다면?

> 무릇 만물의 정기, 그것이 곧 생명이다.
> 그 아래로 오곡이 생기고, 그 위로 별이 생긴다.
> 그것이 천지 사이에 떠다니면 귀신이라 부르고,
> 가슴에 갈무리되면 성인이라 부른다.

아주 오랜 옛날에는 신성한 기운이라는 개념이 유별난 게 아니었다. 사실은 유럽과 아시아에 널리 퍼진 개념이어서, 인도에서는 호흡을 뜻하는 'prana(프라나)'라는 말이 있었고, 그리스에서는 생명의 호흡 또는 영혼을 뜻하는 'pneuma(프네우마)'라는 말이 있었다. 양쪽 모두 말로 표현할 수도, 눈으로 볼 수도 없는 생명의 기운이 우주를 떠돌며 생명의 기원이 된다는 의미를 나타냈다.

오늘날에는 신성한 기운에서 활력이 나온다는 말에 회의적인 사람이 많을 것이다. 그러나 기는 살아 있다는 느낌을 더 강렬하게 느끼려면 무엇이 필요한지 보여주는 유용한 은유다. 이 비유를 잘 새겨보면 기를 믿지 않아도 기가 존재한다고 상상함으로써 삶에 도움을 얻을 수 있다. 이를테면 이렇다. 기를 단련하는 것처럼 행동하고 살아간다는 것은 어떤 의미일까? 만약 그렇게 산다면, 삶은 어떻게 달라질까? 마치 그런 체계가 실제로 존재하는 것처럼 살아간다면 삶은 어떤 모습일까?

우리는 보통 이원론적 세계관에 따라 '신 대 인류', '물질 대 기운', '정신 대 몸' 하는 식으로 어떤 대상을 두 개의 상대적 존재로 나눠서 생각한다. 그러나 《내업》은 일원론적 세계관을 견지하면서, 세상과 인간의 모든 요소는 다 똑같이 '기'로 이루어진다고 말한다. 마음이든 몸이든 물질이든 영혼이든, 또는 흙이든 사람이든 동물이든 공기든, 모든 것은 똑같은 물질인 기로 이루어진다.

기는 모든 것에 존재하지만, 그것이 섞인 정도는 무수히 다양하다. 바위나 흙, 기타 우주에 존재하는 무생물은 저차원의 거친 기, 즉 '탁기濁氣'로 구성된다.

고차원의 정제된 기는 '정기精氣'가 된다. 정기는 다른 종류의 기와는 달리 오로지 생명체 안에 존재한다. 그것은 식물과 동물에 생명을 불어넣는 힘이다.

그리고 마지막으로 기가 가장 신묘하고 정제된 수준에 이르면 신성한 기, 즉 '신기神氣'가 된다. 이런 종류의 기는 기운이 대단히 강해서 주변에 영향을 미친다. 이 기는 그 자체가 혼魂이다. 혼은 생명을 부여하는 데 그치지 않고, 생명체에 의식을 불어넣는다.

식물에는 생명을 불어넣는 기, 즉 정기가 있지만 혼은 결코 존재할 수 없다. 식물은 세상을 생각하고 세상일을 처리할 수 없다. 그저 세상에 존재할 뿐이다. 그러나 신기인 혼은 역동적이고 생기가 넘친다. 그것은 대단히 명료하고, 완벽한 의식으로 세상을 바라본다. 이처럼 세상을 통찰하는 능력 덕에 세상을 바꿀수도 있다.

우리는 어떤가? 우리는 어떤 종류의 기운으로 구성되었는가?

우리 인간은 아래에 있는 땅의 탁기와 위에 있는 하늘의 신기가 합쳐진 것이다. 우리는 몸을 비롯해 덜 다듬어진 기도 있지만, 식물처럼 살아 있으니 정기도 있다. 그리고 내면에 약간의 혼도 있다. 식물과 달리 우리는 의식이 있고, 누구나 세상에서 어느 정도 변화를 이끌어낼 수 있다. 일정한 공간에서 물건을 집어 다른 곳으로 옮길 수 있으며, 공을 던질 수도, 문을 열 수도 있다. 혼이 지닌 것과 똑같은 잠재력이 우리에게도 존재한다.

외부의 자극에 휘둘리지 않는 것

마음에 혼을 품고, 과하지 않게 하라. 사물이 감각기관을 어지 럽히지 않게 하고, 감각기관이 마음을 어지럽히지 않게 하라.

바위와 식물, 그리고 혼의 기는 늘 일정하다. 그러나 인간은 뒤죽박죽 섞인 기가 내부에서 끊임없이 이동한다는 점에서 지구 상의 다른 모든 것들과 다르다. 시간이 흐르면서 기가 점점 빠져나가 땅과 더욱 비슷해질 수도 있고, 혼을 지켜 신에 더 가까워질 수도 있다.

혼을 지키기는 쉽지 않다. 사람들은 보통 혼이 빠질 정도로 일을 하면서 하루를 보낸다. 가족 모임을 어떻게 치를지를 두고 동생과 다투느라 화가 난다. 일상적 출퇴근으로 짜증이 나고, 다가오는 마감 때문에 스트레스를 받는다. 친구에게 질투를 느끼고, 배우자 때문에 분하고, 미래가 불안하다. 부정적 감정이나 극한의 감정에 휩싸일 때면, 외부 사물에 기를 빼앗기고 외부 사건의 막강한 힘에 휘둘린다. 고된 일상을 헤쳐나가고 일상적 활동을 힘들게 해나갈 때마다 기가 소진된다. 이때 혼이 빠져나가고, 나쁜 기가 그 자리를 메운다. 생활은 엉망이 되고 균형이 깨져 기진맥진한다. 그러면서 서서히 활력을 잃고 삶을 놓아버린다. 계속 이런 식으로 살다 보면 육체가 생을 다하기도 전에 혼이 소진될 것이다.

살아 있다는 느낌을 더 강렬히 느낄 수 있는 일상적 행위가 어떤 것인지 앞에서 이야기했다. 하지만 그렇다고 해서 시간이 날 때마다 달리기를 해야 한다거나, 우리를 신나게 하는 재미있는 친구를 찾아야 한다는 뜻은 아니다. 외적인 활동과 사건은 짜릿한 흥분을 가져다주기도 하지만, 사람을 힘 빠지게 할 때도 있다. 우리는 날마다 주변에서 일어나는 일에 휘둘린다. 친구와 점심을 먹는다? 행복하다. 직장에서 누군가가 나를 업신여긴다? 우울하다. 날씨가 너무 좋은 날 아침에 달리기를 한다? 황홀하다. 달리기를 끝낼 무렵 발목을 삐끗한다? 착잡하다. 이런 극단적 감정이 바로 《내업》에서 말하는, 활력을 빼앗고 우리를 지치게 하며 혼을 빼놓는 주범이다.

슬픈 상황이 부정적인 감정을 촉발하고 사람을 지치게 한다는 건 누구나 아는 사실이다. 그러나 흥분되고 신나는 일도 기운을 내기 위해 그것에 의존한다면 이롭지만은 않다.

어떤 종류의 사건을 촉발한다는 것은 짜릿한 사건이든, 질투가 나는 사건이든, 화가 나는 사건이든 외적인 것이다. 우리 감정은 주변에서 일어나는 일들로 오락가락하고, 살아 있다는 느낌은 일정치 않게 마련이다. 그러나 이런 외적인 일에 휘둘려 행복과 슬픔 사이를 계속 왔다 갔다 할 필요는 없다. 수양으로 평정과 내면의 안정을 유지할 수 있으며 이는 불가피하게 발생하는 외부 자극에 휘둘리지 않도록 기본을 튼튼히 하는 일이다.

수양으로 평정 유지하기

기뻐하지 않고 분노하지 않으면, 가슴에 평정이 찾아온다.

《내업》에서는 우리가 경험하는 세계는 원활히 소통하지 않는 별개의 것들로 이루어진다고 설명한다. 인간도, 그리고 깨지기 쉽고 불완전한 관계도 마찬가지다. 그러나 《내업》은 모든 것을 연결하는 근원적인 '도'도 함께 설명한다. 이런 별개의 것들이 서로 소통하고 공명할수록 도에 더 가까워진다. 따라서 평정을 유지하는 능력을 키운다면 점점 도에 더 가까워지고 활력을 느낄 수 있다. 내면의 안정을 유지할수록 기를 다듬고 좋은 기를 품을 능력이 향상된다.

《내업》도 이 책에서 다룬 여러 문헌처럼 거창하고 초월적인 생각을 대단히 평범해 보이는 것으로 바꿔놓는다. 구체적이고 일상적인 것들은 기를 다듬는 핵심이다. 몸과 마음을 비롯해 우리의 모든 부분이 기로 이루어지기 때문에 몸을 단련하면 마음을 단련하는 데 좋고, 거꾸로 마음을 단련하면 몸을 단련하는 데 좋다. 따라서 어느 한 부분을 단련하는 것은 몸 전체를 더욱 균형 잡히고 안정적으로 만들어준다.

《내업》의 많은 부분에서 우리 몸에 집중하는 것도 바로 그 때문이다. 바른 자세로 몸을 곧게 펴고 서서 기가 원활히 순환하게 하라, 규칙적으로 심호흡을 해 평온한 호흡으로 가슴을 채워라, 식사는 규칙적으로 하되 절제해서 기를 일정하게 유지하라 등등. 똑바로 서 있지 않거나 소파에 널브러져 있다면, 숨쉬기를 의식하지 않는다면, 며칠째 연달아 점심을 거른다면,《내업》에서 말한 내용을 무시하는 것이다. 그러나 우리가 육체 훈련이라고 여기는 것 대부분이 사실은 정서 안정과 관련이 깊다.

육체 건강에만 지나치게 집중해도 안 된다. 예를 들어 채소 주스나 채식주의 식단에 집착한 나머지 규칙적인 심호흡을 잊어서는 안 된다. 이 모든 행위를 균형 있게 유지해야 한다는 점을 기억하라. 이런 식으로 육체를 훈련하면 더욱 수월하게 훨씬 고차원적인 기를 받아들일 수 있다.

서로 다른 부분의 균형을 맞추다 보면 감정 조절에도 도움이 된다. 많은 사람이 평정을 찾고 온갖 불편한 감정을 초래하는 다양한 혼돈을 피하고 싶어 일시적으로 세상에서 떨어져 나온다. 그래서 커피를 마시며 휴식을 취하고, 영화를 보고, 휴가를 떠나 균형을 되찾으려 노력한다. 하지만 여전히 세상에 깊이 발을 담근 채로도 언제든지 평정을 유지할 방법이 있다. 충동적 욕구를 조절하고, 지나친 분노나 기쁨에 동반되는 감정 기복에 주의하는 것이다.

한편 사람들은 흔히 조화를 한 차례의 행위로 생각한다. 예를 들면 의견이 다른 사람들에게서 합의를 이끌어내 문제를 해결하는 경우다. 그러나 기원전 4세기에 나온, 수양에 관한 또 다른 문헌인《오행五行》은《내업》에서 한 걸음 더 나아가, 별개의 요소들이 서로 조화를 이루게 하는 것은 우리에게 달렸고, 그런 행위를 꾸준히 해야 한다고 가르친다.

《오행》에 따르면, 사람에게는 누구나 수양해야 하는 다섯 가지 잠재적 덕목이 있는데 인仁, 의義, 지智, 예禮, 성聖이 그것이다. 각 덕목은 우리가 더 모습을 드러내도록 도와준다. 그러나 특정 덕목 하나를 개발하느라 다른 덕목을 무시한다면 문제가 생긴다. 인이 과하다거나, 의를 지나치게 갈망한다거나, 예에 집착한다거나, 지에 과도하게 의존하는 경우다. 항상 인을 드러내 다른 사람과 관계를 맺는다면, 어떤 상황에서는 좀 지나치다 싶을 수 있다. 의에 과도하게 관심을 두면 너무 형식적이거나 거리감이 느껴질 수 있다. 지식을 얻는 데 지나치게 주력하면 냉정해질 수 있다. 예를 과하게 중시하면 형식에 집착해 더 큰 맥락을 못 볼 수 있다.

이처럼 특정 덕목 하나가 절대적 기준이 되어서는 안 된다. 여러 덕목을 조절해가며 꾸준히 수양해야 한다. 만약 동료를 대하는 태도에 지나치게 신경 쓴다면 긴장을 풀고 좀 더 따뜻하게 행동하려고 노력할 수도 있다. 물건을 살 때 이것저것 지나치게 따지곤 한다면, 다음에는 일부러 상품평을 보지 않고 물건을 구매해 그런 성향을 누그러뜨릴 수도 있다.

우리는 여러 덕목을 하나씩 시험하면서, 그것이 끝없이 맞물리고 영향을 주고받는다는 사실을 인식하고, 동시에 그 덕목이 어떻게 다양한 감정적 기질을 촉발하는지 깨닫는다. 모순처럼 들리겠지만, 이런 덕목이 끊임없이 움직여야만 항상성을 유지할 수 있다. 그래야 감정이 이리저리 흔들리지 않고 좀 더 안정적인 위치에 도달해, 내면의 혼이 아무런 방해도 받지 않고 자유로워질 수 있다.

세상에 대한 반응 훈련

고대 중국에서는 교양을 갖추고 싶으면《시경詩經》부터 암기해야 했다. 사람들은 박식한 사람의 필독서인《시경》에 실린 시를 외워 봄이 지나갈 때, 정치를 토론할 때, 새로운 사랑에 기뻐할 때, 친구가 세상을 떠났을 때 등 어느 상황에서나 그 시를 아는 사람이라면 누구나 이해하는 시구를 인용하곤 했다.

이때 핵심은 단지 시를 외워 수동적으로 큰 소리로 낭송하는 게 아니다. 그보다는 그 시에 대한 지식과 상황 파악 능력을 적극 활용해, 시를 획기적으로 재창조하는 것이다. 상황을 파악한 다음, 맥락에 따라 시구를 인용하거나 반직관적인 풍자를 곁들이면, 자신과 주변 사람들에게서 특정한 감정을 이끌어내 분위기를 전환하고 상황을 다른 방향으로 유도할 수 있다. 시를 어떻게 이용하면 주변 사람에게 좋은 영향을 미칠지 고민하는 훈련을 하다 보면, 시는 세상에 대한 반응을 훈련하는 또 하나의 중요한 수단이 된다.

음악도 마찬가지다. 사람들은 음악을 (오페라나 뮤지컬처럼) 연주하기도 하고 연기하기도 한다. 그리고 오래전의 극적인 이야기를 음악에 반영하기도 한다. 사람들은 어렸을 때부터 이런 공연을 보고, 이때 한 경험은 복잡한 삶을 구성하는 요소가 된다. 이를테면 누군가에 맞서는 경우, '무武' 같은 음악을 들을 때 느끼는 감정에 기댈 수 있다. '무'는 상商나라의 독단적 권력에 맞서다 주나라를 여는 숭고한 남자에 관한 이야기를 다룬 인기 음악이다. 이런 음악은 사람들의 감수성을 자극하고, 사람들의 일부가 된다.

음악과 시는 박식한 사람이 되는 데 중요한 역할을 했다. 침착함이라는 감수성을 길러주기 때문이다.

분노를 그치는 데 시만 한 게 없고
근심을 없애는 데 음악만 한 게 없다.

사람들은 음악과 시를 이용해 기를 수양했다. 음악과 시로 세상에 더 적극적으로 반응하고, 세상과 더 긴밀히 연결되며, 인간이 공유하는 체험에 더 깊이 공명한다고 느꼈기 때문이다. 음악과 시는 즉석에서 명쾌함을 이끌어내고 인간에게 필요한 통찰력을 부여한다.

우리도 비슷한 방식으로 기를 단련하는데, 미술관에서 그림을 보고 감탄하거나 음악을 듣고 황홀해하는 경우가 그렇다. 경이로움을 유발하는 것은 무엇이든 감각을 훈련해 주변 세상에 더욱 심오하게 반응하게 하는 식으로 기를 단련한다. 세상을 다

방면으로 파악할 때, 우리는 더욱 개방적으로 세상을 느끼고 세상에 더 잘 반응할 수 있다.

감동적인 음악을 들으면 인간의 감정을 더욱 섬세하게 느끼는 데 도움이 된다. 음악을 들으면서 작곡에 영감을 준 작곡가의 삶에 끌리고, 그의 감정을 고스란히 느낀다. 그러면서 이리저리 휘둘리지 않고 그런 감정을 느낀다는 게 어떤 의미인지 터득한다. 가령 밥 딜런이 전 생애에 걸쳐 발표한 노래를 들으며, 한 사람의 삶에서 위대함과 격정을 감지한다. 음악이 말을 걸어오는 경험을 해본 사람이라면 가까운 사람을 잃었을 때, 친지의 절망을 보았을 때, 삶에서 새로운 국면을 맞이해 들떴을 때, 더욱 심오한 반응을 보일 수 있다. 음악은 인류 전체가 공유하는 인간성을 더욱 절실히 느끼게 한다.

시와 문학도 마찬가지여서, 세상에 더욱 다채롭게 반응하게 한다. 특정한 상황에서 특정한 운율로 낭독하는 시어를 듣다 보면 어떤 감흥이 일어난다. 문학은 실제 삶에서는 절대 체험할 수 없는 다양한 관점에서, 한때의 시간이나 경험에 빠져들게 한다. 우리가 얻는 지식은 기존과 다른 방식으로 세상에 참여할 기회를 준다. 자신의 삶에서 한 걸음 물러나 인류의 경험이라는 거대한 흐름에 공감하고 동참하게 하기 때문이다.

그런데 이런 행위가 어떻게 기를 단련하는 데 도움이 될까? 음악, 시, 미술, 문학은 말, 음표, 소리, 리듬, 색깔 같은 별개의 요소로 구성된다. 그것에 깊이 빠질수록 마치 기가 기와 공명하듯 그 별개의 요소들이 서로 어떻게 공명하는지 쉽게 이해할 수 있다. 이런 요소들은 여러 형태의 기가 좋은 쪽으로든, 나쁜 쪽으로든 주변의 다른 기와 어떻게 끊임없이 관계를 맺는지 보여준다.

그런데 우리는 대부분 기가 나쁜 쪽으로 관계를 맺는다. 사람들의 상호작용은 세련되지 못한 경우가 많아서, 저차원 기가 다른 사람의 기와 부딪힌다. 화나 분노가 내면에 억눌려 있을 때, 그런 감정이 그날 하루를 지배할 때, 그 기운이 타인에게서 부정적인 기운을 이끌어내기 쉽다. 최악의 기분은 타인의 최악의 기분과 겨루고, 부정적인 일이 연달아 생긴다.

누군가가 주차장에 세워둔 내 차에 접촉 사고를 냈고, 나는 아침부터 일이 꼬여 그렇지 않아도 스트레스를 받았던 터라 냅다 화를 냈다고 하자. 상대는 주차를 그따위로 해놨으니 접촉 사고가 안 나겠느냐며 되레 화를 낸다. 이 일로 양쪽 모두 화가 머리끝까지 치밀어 오른다. 하지만 기를 꾸준히 수련하면 상황을 더 바람직하게 전환할 수 있다. 그랬다면 주차장에서도 상대에게 공감하며 점잖게 반응하고, 상대는 자신의 행동을 후회하며 공손히 사과하면서, 양쪽 모두 화를 내기보다는 호의적으로 그 자리를 떠났을 공산이 크다. 남남인 두 사람이 서로 최선의 모습으로 상대에게서 최선의 모습을 이끌어낸 것이다.

마치 신처럼 기에 집중하기

> 기를 수정하되 바꾸지 않고, 지혜를 변형하되 바꾸지 않는 것.
>
> 化不易氣 變不易智
>
> 하나를 굳게 지킨 군자만이 이를 해낼 수 있다.
>
> 性執一之君子 能爲此乎

주변 기복에 휘둘리지 않을 때, 감각은 정제되고 몸은 바르고 건강할 때, 마음의 안정을 찾을 수 있다. 이때 비로소 본질, 즉 혼이 우리 안에 머문다.

마음의 중심이 안정되고

눈과 귀가 밝고

팔과 다리가 견고하면

내면에 정기가 깃든다.

기를 수련하고 내면의 기에 집중하면, 가장 높은 차원의 기로 이루어진 신과 같은 존재가 되어 활력 넘치는 삶을 살고 장수를 누린다. 마치 신처럼 기에 집중하는 법을 터득하는 것이다.

니체는 이렇게 썼다.

감각이 뛰어난 사람은 활동을 멈춘 절벽을 춤추는 혼돈으로 인식할 것이다.

우리는 만물의 심장을 들여다보고, 모든 것을 또렷이 인식할 것이다. 니체는 신성을 권력 행사 의지를 지닌 단일한 존재로 인식했지만, 이 말을 보면 그가 혼은 다른 곳에서도 나타날 수 있다고 이해했음을 짐작할 수 있다. 살아 있는 방법, 세상에 영향을 미치는 방법은 하나가 아니다. 선명한 시야를 통해, 만물과

의 연관성을 통해서도 가능하다. 지배보다 카리스마로도 가능하다.

카리스마 있는 사람은 변신할 능력을 가지고 태어나는 게 아니라, 변신할 '잠재력'을 가지고 태어난다. 그 잠재력을 잘 키우면 자신의 기운을 이용해 다른 사람을 자기 쪽으로 끌어 올 수 있다. 긍정적이고 흥겨운 기운이 넘치는 사람, 방 안을 자신의 존재감으로 채우며 삶에 열정을 보이는 사람과 함께 있다 보면 누구나 그에게 끌리게 마련이다. 그런 기운에는 전염성이 있다. 그런 카리스마는 혼에서 나온다. 카리스마가 있는 이유는 주변 사람과 활기차게 교감하기 때문이다. 그런 사람의 정기는 타인에게서 최고의 것을 끌어내고 타인의 혼을 일깨운다.

《내업》은 수양에 관한 이야기가 전부이다시피 하지만 '자기' 수양 이야기는 아니다. 카리스마 있는 사람은 남들을 휘어잡을 자신만의 독특한 성격 때문에 카리스마가 있는 게 아니다. 그 사람은 자신을 수양하지 않는다. 기운을 수양하고, 기를 수양한다. 카리스마 있고 생기가 넘치는 이유는 내면에 있는 고차원의 정기가 주변에 존재하는 고차원의 정기와 일치하기 때문이다. 바로 그 두 가지 기가 공명함으로써 주변을 변화시키는 능력을 갖게 된다.

우리도 혼을 수양해 주변 사람과 관계망을 형성할 수 있다. 주변 사람이 나에게 끌리고 삶이 풍성해졌다면 내가 그들에게 기운을 불어넣었기 때문이다. 내가 그런 사람이라고 알려지면 나의 대인 관계망은 확장된다. 나아가 사람들의 다양한 측면 중 최상의 것에 반응하는 능력을 개발한다. 질투나 분노에 불타는 사람을 마주칠 때, 슬픔이나 근심에 억눌린 사람을 마주칠 때, 그런 기운에 반응하지 않고 그의 다른 측면에 반응해 그에게서 더 건강한 기운을 끄집어낸다. 카리스마가 성숙해지면서 마치 신처럼 사건을 종합하고, 조화를 찾고, 모든 종류의 상황을 바꿔놓을 능력을 갖추게 된다.《내업》은 고차원적 기운으로 모든 것과 연결된 상태가 바로 '도'라고 말할 것이다.

◎

이제까지 행위능력과 활력의 개념을 다른 각도로 살펴보았다. 신은 세상과 교감하는 식으로 활동하지, 세상에 자신의 뜻을 강제하는 식으로 활동하지 않는다. 신은 우리가 흔히 적극적이고 막강하다고 여기는 행위로 세상에 영향을 미치지 않는다. 대상을 명확히 파악하고, 판에 박힌 반응에 빠지지 않으면서 완벽하게 행동하고, 사소하더라도 변화를 통해 주변 모든 것과 교감하면서 세상에 영향을 미친다. 기를 이런 식으로 이해한다면, 별개의 것들이 끝없이 충돌하는 세상을 점점 더 조화로운 세상으로 바꿀 방법을 고민할 수 있다. 우리 안의 기가 더욱더 공명할수록, 별개의 것들로 이루어진 혼란스러운 세상에서도 마치 신처럼 많은 것을 해낼 수 있다.

공자와 맹자는 인간이 삶을 최대한 알차게 사는 방법을 고민했다. 《내업》의 저자들은 우리가 스스로를 신으로 여길 수 있으며 그것이 잘 사는 방법이라고 말한다.

그러나 이제 곧 살펴볼 철학자 장자는 인간을 신격화하려고 애쓰기보다 인간의 영역을 아예 뛰어넘으라고 했다.

즉흥성에 대하여

장자 | 변화의 세계

ATH

예전에 장자莊子가 꿈에 나비가 되었다. 훨훨 날아다니며 마음
껏 즐기는 동안 자신이 장자라는 것조차 깨닫지 못했다. 그러다
문득 깨어보니 자신은 분명 장자였다. 그렇다면 장자가 꿈에 나
비가 된 것인지, 나비가 꿈에 장자가 된 것인지 알 수 없었다. 그
런데 장자와 나비는 엄연히 별개다. 이를 일러 '만물의 변화物化'
라 한다.

기원전 4세기 후반에 태어난 중국 철학자 장자는 유명한 나
비 이야기로 세상을 바라보는 평범한 시각을 깨고자 했다. 장자

는 우리 모두 세상을 만끽하고 세상에 적극 참여하는 데 방해가 되는 눈가리개를 하고 있으며, 그중에서도 인간의 제한된 시각이 가장 큰 문제라고 주장했다. 우리가 사람이 아니라 사실은 꿈속에서 사람이 된 나비라면? 우리가 인간의 능력을 초월해 세상을 모든 관점에서 바라본다는 의미를 이해한다면, 삶을 즉흥적으로 만끽할 수 있을 것이다.

세상을 즉흥적으로 만끽한다는 것이 어떤 의미인지 우리는 이미 알고 있다. 축구를 하든, 그림을 그리든, 책을 읽든, 어떤 행위에 심취해 그 즐거움에 넋을 잃은 상태인 '몰입'을 체험할 때 경험하는 느낌이다. 그런데 우리는 이런 기분은 제한된 순간에, 특정 활동을 할 때만 느낀다고 생각한다. 적절한 조건을 갖춘 특별한 순간에만 몰입할 수 있다는 이야기다.

우리는 훈련으로도 이와 똑같은 즉흥적인 짜릿함을 어떤 상황에서나 느낄 수 있다고 생각하지 못한다. 그러나 장자의 생각은 사뭇 달랐다. 장자는 세상을 모든 관점에서 바라보는 법을 배우고 만물의 변화를 이해한다면 우주 만물을 더 깊이 이해할 수 있다고 생각했다. 현실을 경험하는 틀에 박힌 방법에서 벗어나면 일상에서, 평범한 삶에서, 모든 순간 즉흥성을 느낀다는 게 어떤 의미인지 깨달을 것이다.

끝없는 흐름과 변화로서의 도

장자는 노자처럼 도가 철학자로 알려져 있으며, 《장자》(장자에게 헌정한, 장자의 가르침을 적은 책)에는 도가 사상이 담겨 있다. 그러나 장자는 그 어떤 사상적 유파에도 속하지 않으려 했을 것이다. 매우 다른 장자와 노자, 그리고 《장자》와 《노자》를 같은 부류로 분류하는 유일한 이유는 둘 다 도를 강조했기 때문이다.

　그러나 두 철학자가 말하는 도의 의미는 매우 달랐다. 장자에게 도는 안정되고 고요한 상태가 된다거나 세상을 이것과 저것의 구별이 없는 곳으로 인식하는 게 아니었다. 우리가 만물이 자라는 땅이 될 수 없듯 우리는 결코 도가 '될 수 없다'는 것이 장자의 생각이었다. 장자가 말하는 도는 끝없이 흘러가고 변화하는 모든 것을 포용하는 것이었다.

　《장자》는 세상 모든 것은 운동성과 연관성이 일정하게 중단 없이 춤을 추는 흐름과 변화를 통해 어떤 것으로든 변할 수 있다고 거듭 강조한다. 모든 것은 시간이 흐르면서 저절로 다른 것의 일부가 된다. 이 변화와 운동의 과정은 매 순간 일어난다.

풀은 한참 자라다가 죽으면 분해되고, 이때 풀의 기는 다른 곳으로 옮겨 간다. 풀에서 살던 벌레는 새가 잡아먹고, 새는 다시 더 큰 새나 다른 동물이 잡아먹는다. 그 큰 동물도 시간이 흐르면 죽고 썩어 땅의 일부가 되어 흙이나 풀 같은 다른 것으로 변한다. 끝없는 변화와 탈바꿈이 순환하는 과정에서, 모든 것은 천천히 다른 것이 된다.

풀은 죽을 때 다른 것이 되기로 계획하지 않는다. 변화는 저절로 일어날 뿐이다. 계절은 작정하고 다른 계절로 변하지 않는다. 저절로 그리 될 뿐이다.

새는 타고난 특징인 날개가 있어 하늘을 난다. 바람의 변화와 아래에 펼쳐진 지형을 고려해 이리저리 날아다닌다. 저절로 도를 따르는 것이다.

물고기는 헤엄친다. 타고난 특징인 아가미와 꼬리 덕분이다. 물고기는 아가미와 지느러미를 이용해 물의 흐름을 따라 이동한다. 역시 저절로 도를 따르는 것이다. 물고기는 돌연 헤엄을 멈추고 '이제 물이 이쪽으로 흐르니까 이쪽으로 돌아야겠군',

'저 바위를 지나려면 저쪽으로 돌아야겠어'라고 생각하지 않는다. 그저 헤엄칠 뿐이다.

장자는 '음'과 '양'을 언급했다. 그것은 어둠과 밝음, 부드러움과 단단함, 약함과 강함을 나타낸다. 장자는 언뜻 반대로 보이지만 알고 보면 서로 보완하는 관계인 이 두 가지 기운의 끊임없는 상호작용이 바로 도라고 주장했다. 이 둘은 끊임없이 순환하면서 서로 조화를 이룬다. 겨울에는 차갑고 어두운 기운인 음이 득세한다. 그러다가 차츰 덥고 밝은 양의 기운이 득세하면서 여름이 온다.

음양의 기운이 끝없이 필연적으로 상호작용하면서 변하는 것은 계절만이 아니다. 우리 눈에 보이는 우주의 모든 변화가 음양의 상호작용에서 나온다.

도를 따르지 않는 사람들

장자는 북적대고 변화하는 세상에 딱 하나 예외가 있다고 주장한다. 우주를 통틀어 저절로 도를 따르지 않는 단 하나! 바로 우리 인간이다. 우리만 저절로 도를 따르지 않는다. 솔직히 우리는 평생토록 흐름과 변화에 맞서 싸운다. 내 의견이 옳다고 (그리고 다른 의견은 명백히 틀리다고) 선언하고, 경쟁자의 성과에 질투가 나서 감정이 격해지고, 변화가 두려워 장래성 없는 일에 매몰된다. 이 과정에서 음양의 상호작용을 방해하고 차단한다. 인간의 타고난 특징인 정신 때문이다.

그렇다면 어떻게 해야 하나? 인간이 저절로 도를 따른다는 것은 실제로 어떤 의미인가?

'저절로', 즉 '즉흥성'라는 말을 들으면 우리가 그 뜻을 안다는 생각이 든다. 어쨌거나 우리는 즉흥성을 숭배하는 문화 속에서 살고 있으니까. 예측 가능성은 지루하다. 지나치게 많은 규칙은 답답하다. 우리는 자유로운 사상가, 과감히 남과 다른 생각을 하는 사람, 즉흥적으로 대학을 그만두고 회사를 차린 나 홀로형 천재를 존경한다. 우리는 즉흥성을 진실, 행복, 개인적 성취와 동일시한다.

그래서 어쩌면 '나는 즉흥적으로 할 거야. 내키면 무엇이든 할 거야'라고 생각할지도 모른다. 그래서 지금 하는 일을 멈추고 춤을 출 수도 있고, 직장을 그만두고 모아둔 돈을 긁어모아 세계여행을 떠날 수도 있다. 즉흥성이란 그런 것이 아닐까? 장자에게 즉흥성은 그런 것이 아니다. 우리가 생각하는 즉흥성은 장자가 생각하는 즉흥성과 반대에 가깝다. 장자가 말하는 즉흥성은 하고 싶은 것을 내킬 때 하는 것이 아니다.

우리가 생각하는 자연스러운 즉흥성은 욕구를 거침없이 드러내는 것인데, 늘 그런 식으로 살 수는 없다. 그래서 우리는 더러 행글라이딩도 하고, 충동구매도 하고, 새로운 취미도 만든다. 그리고 즉흥성은 주말을 위해 아껴둔 채 다른 날은 늘 똑같은 일상을 반복한다.

진정한 즉흥성을 발휘하려면, 이 세계에서의 생각과 행동 방식을 바꿔 끝없는 흐름과 변화에 늘 열린 태도를 보여야 한다. 그리고 '훈련된' 즉흥성을 상상해야 하는데, 앞으로 살펴보겠지만, 언뜻 모순 같아도 모순이 아니다.

매우 유명한 장자의 고사를 살펴보자. 포정이란 백정의 이야기다. 포정의 일과는 칼을 쥐고 소의 뼈와 살을 발라내는 작업으로 시작한다. 처음에는 지루하기만 하다. 그런데 시간이 지나고 경력이 쌓이면서 지식이 생긴다. 포정은 소의 다양한 근육과 힘줄을 그대로 자르지 않고 그 사이사이의 틈새를 찾아 칼질을 한다. 잡는 소는 매번 달라도 모든 소에게는 선이 있고, 연결 부위가 있고, 길이 있다. 그 길을 따라가면 소를 쉽게 자를 수 있다. 포정은 익숙함과 훈련으로 어떤 소든, 어느 부위든, 보편적 유형을 찾아낸다. 그는 춤을 추듯 완벽한 리듬으로 고기를 자르고, 잘린 고기는 그의 칼날 앞에 힘없이 툭 떨어진다.

이때 그는 생각을 너무 많이 하지도, 지나치게 분석적으로 접근하지도 않는다. 소는 매번 다르기 때문이다. 장자에 따르면, '재주technique보다 우월한 도'에 가치를 두어야 한다. 다시 말해, 신성을 이용해야 한다. 신성은 우리를 세상과 연결해 원활히 소통하게 한다. 포정은 의식적으로 신경 쓰기보다 혼을 이용할 때 도를 감지했다. 그래야만 매번 달라지는 소의 상태를 감지할 수 있다.

노련한 백정이 해마다 칼을 바꾸는 이유는 (살을) 가르기 때문입니다. 보통의 백정이 다달이 칼을 바꾸는 이유는 (뼈를) 자르기 때문입니다. 하지만 뼈마디에는 틈이 있고, 칼날에는 두께가 없습니다. 두께가 없는 것을 틈에 넣으니, 칼날을 여유롭게 움직일 수 있습니다. 그러다 보니 19년이나 쓴 제 칼이 방금 숫돌에 간

것 같습니다.

포정은 훈련된 즉흥성을 이해했다.

그가 즉흥성을 획득한 방법이 칼을 내던지고 거리로 나가 춤을 춘 것이 아니었다는 점에 주목하라. 주중에는 고기를 썰고 주말에는 자유를 만끽한 것도 아니다. 그가 즉흥성을 획득한 방법은 고기를 자르는 하찮은 행위를 자연스럽게 몸에 밸 때까지 반복한 것이다. 게다가 그는 수동적이지 않았다. 그는 도라는 하늘의 이치를 순순히 따랐지만, 고기를 가를 때마다 새로운 것을 창조했다. 이로써 그는 일상을 채운 단순한 행위에서 만족감과 즉흥성을 찾았다.

이 이야기 끝부분에서 통치자는 포정이 일하는 모습을 보고 이렇게 말한다.

"훌륭하구나. 그의 말을 듣고 삶을 제대로 사는 법을 배웠노라."

우리는 이미 즉흥적으로 행동하는 법을 알고 있다

노련한 요리사는 따로 요리법을 보지 않아도 경험과 훈련으로 손이 많이 가는 식사를 후딱 준비하고, 소금이나 후추를 정확히 얼마나 넣어야 음식 맛이 사는지, 걸쭉한 리소토를 정확히 얼마나 오래 끓여야 하는지 감을 잡는다. 훈련된 즉흥성 때문이다. 경험 많은 교사는 반 전체가 통제 불능에 빠지는 순간을 파악해, 아이들을 모두 안정된 상태로 되돌리려면 어떻게 해야 하는지 재빨리 알아챈다. 여러 해 경험이 쌓이다 보니 즉흥적으로 정확한 순간에 적절한 방법으로 반응하는 법을 터득한 것이다.

다들 아는 사실이지만 외국어 구사, 악기 연주, 자전거 타기, 수영 같은 복잡한 기술을 배우려면 처음에는 일정 기간 의식적이고 의도적인 훈련을 해야 한다. 피아노를 배워본 사람이라면 시작하기가 얼마나 어려운지, 손가락이 건반을 누를 때 얼마나 어설픈지, 해당 음표에 맞는 건반을 찾는 게 얼마나 헷갈리는지, 손가락 하나하나를 따로 움직이는 게 얼마나 힘든지 기억할 것이다. 이 모든 것이 처음에는 불가능해 보이고, 피아노 소리도 아름답지 않다. 이 시기에 '즉흥적으로' 건반을 두들긴다면, 같은 방에 있는 사람들은 고통스러울 게 뻔하다.

그러나 시간이 지나면서 하나씩 이해하기 시작하고, 비슷한 멜로디의 음표는 한데 묶어서 본다. 그리고 곧 왼손과 오른손을 동시에 움직이고, 화음과 아르페지오를 연주하고, 점점 어려운 곡을 다룬다. 그러다가 외워서 연주하고, 심지어 처음 본 곡을 즉석에서 연주하기도 한다. 이제 연주를 하면 짜릿하고 생기가 느껴져 피아노 앞에 앉아 있는 시간이 즐겁다. 처음 피아노를 시작해 자유롭고 즉흥적으로 즐기기까지 도에 따라 움직인 것이다.

피아니스트가 공연을 하면서 음악이나 관객과 어떻게 교감하는지 생각해보자. 그가 자신과 음악, 그리고 관객이 다 함께 공명할 톤을 이끌어내려면 건반을 어떻게 누를지 정확히 감지할 때 경험하는 기쁨을 느껴보라. 피아니스트는 뛰어난 기술로 세상을 감지하고 세상에 반응하면서 도를 따라 움직인다. 의도적인 훈련을 거친 뒤에야 즐거운 자유를 만끽한다. 막힌 도로 사이를 빠져나가고, 테니스공을 네트 위로 훌쩍 넘기고, 직장에서 그럴듯한 프레젠테이션을 준비하는 등의 능력도 같은 훈련 덕분이다. 우리는 어떤 기분이 들어야 옳은지 구태여 생각하지 않아도 이미 알고 있다. 흔하고 단조로운 일부터 드물고 섬세한 일에 이르기까지 삶의 모든 영역에서 우리가 개발하는 사소한 능력은 모두 훈련된 즉흥성을 보여주는 예다.

중요한 점은 장자의 가르침을 가슴에 새기면 단지 노련한 테니스 선수나 직장인, 요리사가 되는 데 그치지 않는다는 것이다. 삶에 접근하는 방식을 통째로 바꿀 수 있다. 피아니스트는 단지 피아노 치는 훈련만 한 것이 아니라 세상에 존재하는 방식을 훈련한 셈이다.

상상력과 창조력

어떤 일에 통달하기 위해 훈련한다고 하면 보통 특정 기술을 갈고닦는 것에 국한해 생각한다. 피아노에 통달하고 테니스에 능숙해지기 위해 많은 시간을 쏟아붓는다고 해서 어떻게 세상을 잘 살아가는 방식을 훈련할 수 있겠는가?

그러나 그 훈련을 당장의 기술을 익히는 것뿐만 아니라 나도 모르는 사이에 삶을 지배하는 제한된 관점을 깨는 훈련이라고 인식한다면 가능한 일이다. 이때 우리가 얻는 게 또 있다. 진정한 상상력과 창조력을 키울 토대가 마련된다는 것이다. 상상력과 창조력이 몰입과 무슨 상관인가 싶겠지만, 장자는 상상력과 창조력은 지속적인 즉흥적 몰입의 상태에서 나온다고 보았다.

우리는 흔히 창조력의 원천은 딱 하나, 위대한 창조주라고 생각한다. 하지만 장자의 시각에서 보면 그런 생각은 너무나 제한적인 발상이다. 그는 한 사람의 위대한 자아라는 틀을 벗어나 거대한 우주로 시야를 돌릴 때 창조력이 나타난다고 말할 것이다. 그러면서 우리가 존경하는 셰익스피어, 피카소, 스티브 잡스 같은 창조자는 세상을 향해, 뮤즈를 향해, 세상 모든 존재에 대한 끝없는 호기심을 향해 열린 태도를 보임으로써 영감을 얻었다는 점을 기억하라고 촉구할 것이다. 이들은 창조력의 거대한 흐름에, 장자라면 '도'라고 말했을 흐름에 열린 태도를 보였다.

훈련된 즉흥성이란 의식적 사고에서 벗어나는 것이다. 의식적 사고는 원래 하나의 자아에 국한되는 개념이다. 우리의 사고는 자연스럽게 도를 따르기보다 도와 전투를 벌이며 우리를 방해한다. 하지만 우리는 삶의 다양한 부분에서 도를 따라 움직이는 것이 어떤 기분인지 경험한다. 친한 친구들과 함께하는 저녁

모임에서 시간이 흐를수록 마음이 점점 잘 통하고, 그에 따라 식사와 대화가 얼마나 즐겁고 자연스러워지는지 생각해보라. 이때 구태여 '바로 지금 농담을 던져야 해. 그리고 앞으로 5분 안에 휴가 중 생긴 일을 모두에게 말해야겠어'라고 작정할 필요가 없다. 대화는 알아서 저절로 흘러간다.

아니면 동네 농구 경기를 떠올려보자. 이때 무엇을 해야 할지 의식적으로 정확히 계산한 다음, 지금 바로 이쪽으로 45도 회전해 골대에서 정확히 90센티미터 떨어진 곳에 착지한다는 식의 전략을 짜지는 않는다. 그보다는 전체 공간, 다른 선수들, 그리고 경기 내내 자신이 해야 할 행동을 큰 틀에서 인식하며 꾸준히 흐름을 따라갈 뿐이다. 이처럼 전체 맥락을 감지하는 능력이 자신의 기량을 발휘하는 원천이다.

우리는 《장자》를 읽기만 해도 드넓은 가상 세계에 들어가 상상력을 펼칠 수 있다. 《장자》를 가득 채운 터무니없고 도무지 있을 법하지 않은 이야기들은 흐름과 변화를 잘 보여준다. 허구의 생명체가 들려주는 이야기나 나비 이야기 같은 우화는 곤충의 눈으로 바라본 세상이 어떤 모습인지 알려주기도 한다. 《장자》를 읽다 보면 역사적인 인물도 만나는데, 이를테면 공자가 등장해 누가 봐도 공자답지 않은 이야기를 늘어놓기도 한다. 그 밖에도 논리를 무시한 이해할 수 없는 놀라운 반전이나 말장난, 시가 수두룩하다. 《장자》는 의도적으로 우리 시각을 뒤흔들고, 현실에 맞닥뜨렸을 때와 다르게 현실을 이해하도록 유도한다.

물론 우리는 인간이라 나비가 될 수도 없고, 나비가 되어야 한다고 생각할 필요도 없다. 하지만 장자는 이 이야기에서 그런 상황을 가상해 질문을 던진다. 꿈에서 인간이 된 나비의 시각으로 본다면 세상은 어떤 모습일까? 그 순간만큼은 현실을 뒤로 하고 다른 우주로 들어가 우리 능력을 확장해 가장 넓은 의미에서 모든 종류의 가상 세계를 상상한다. 그러면 우리 앞에 우주가 통째로 열리고, 모든 것이 다른 모든 것으로 흘러 들어간다.

이때 어느 것도 우리에게 이래라저래라 하지 않는다. 장자는 이처럼 다른 관점을 획득한 뒤에는 무엇을 해야 하는지 말하지 않는다. 그다음에 어떤 일이 일어날 지는 우리에게 달렸다. 핵심은 관점 자체를 깨는 것이다.

평소에는 따분하게 일하다가 주말에 탁자 위로 올라가 춤을 춘다고 해서 진정한 즉흥성이 생기지 않듯이 우물 밖을 상상하는 식으로 고정관념을 깬다거나 멋대로 날뛴다고 해서 진정한 상상력과 창조력이 생기는 것은 아니다. 단조로운 일상을 깨는 대대적인 파괴의 순간에 나오는 것도 아니다. 진정한 상상력과 창조력은 일상을 어떻게 살아갈 것인가에 답하는 핵심이다. 세계 전체를 드넓은 열린 공간으로 체험할 때 모든 순간이 창조적이고 즉흥적이 된다. 우리의 경험을 초월해 상상하는 능력을 꾸준히 키운다면 그런 순간에 도달할 수 있다.

삶의 경험 확장하는 법

미술관을 더욱 의미 있게 체험하고 싶을 때, 해설가의 도움을 받으면 전문가의 시각으로 전시물을 둘러볼 수 있다. 해설가는 반복되는 주제, 작가가 사용한 특정 색깔 등 우리가 미처 눈치채지 못한 것들을 짚어준다.

그런가 하면, 수제 맥주, 프로 축구, 디지털 사진 등 어느 분야에서든 전문성을 키운다면 심미안을 높이고 그것을 한 차원 높은 수준에서 즐길 수 있다. 이렇게 획득한 안목은 우리가 살아가는 세상에 깊이를 더한다. 이를테면 와인 상점에 들어갔을 때

전에는 지나쳤을 것들을 '알아보고' 이해한다. 카베르네 소비뇽과 시라의 차이를 알면서 삶은 더 활기차고 재미있어진다. 또 읽고 있는 소설에서 '미술공예Arts and Crafts' 스타일의 집이 배경으로 등장하는데, 마침 그에 대한 지식이 있으면 소설이 훨씬 더 흥미로워진다. 이런 지식은 세상을 살아가는 데 꼭 필요한 것은 아니지만, 삶을 더 풍성하게 해준다. 그리고 똑같은 현실이라도 그쪽에 관심을 두지 않는 사람과는 다르게 체험한다. 그런데 이런 수양 또는 자기 계발의 원칙을 의도적으로 다른 영역에, 우리 삶에서 흔히 만족하는 영역에 적용하면 어떨까? 일상의 영역에서도 좀 더 개방적으로 살아가는 것에 대해 생각해본 적이 있는가?

19세기 프랑스 시인 샤를 피에르 보들레르Charles-Pierre Baudelaire는 '플래뇌르flâneur'라는 개념을 널리 퍼뜨렸다. 플래뇌르는 마음을 활짝 열고 도시의 거리를 한가롭게 거닐면서 눈에 들어오는 모든 것을 관찰하고 받아들이는 사람을 말한다. 할머니나 이제 막 걸음마를 배우는 아이 또는 개와 함께 산책한다고 생각해보자. 할머니나 아이 또는 개가 산책을 체험하는 방식은 나와 다르다. 아이는 돌멩이나 벌레를 볼 때마다 걸음을 멈추고 뚫어져라 바라볼 테고, 개는 거리의 모든 냄새에 민감하게 반응하고, 할머니는 꽃이나 나무를 보는 족족 그 이름을 불러주며 의욕적인 정원사처럼 행동할지 모른다. 나와는 세상을 다르게 보는 사람과 함께 산책하다 보면 평소와 다른 길을 걷게 될 뿐 아니라 놀랄 정도로 개방된 태도를 취하게 된다. 그들의 시각으로 편안하게 길을 걸으면 지금껏 몰랐던 깊이와 신선함을 체험한다. 주변이 평소와 다르게 보이고, 눈앞에 새로운 차원이 펼쳐진다.

우리는 보통 습관에 따라 사물에 집중한다. 아침 출근길에는 라디오, 출구 표시, 주차장 입구에 더 주의를 기울이고, 남쪽으로 날아가는 기러기 떼의 모습 같은 장관은 쉽게 놓친다. 헬스클럽으로 가는 길에는 운동 목표치에 몰두해 근처 식당에서 새어나오는 맛있는 냄새를 맡지 못한다. 습관은 무엇을 보고, 무엇에 접근하고, 무엇을 감지하고, 무엇을 이해할 것인지 등 우리의 행동과 사고를 제한한다.

그러나 자신을 제한하는 습관을 좀 더 의식할 수도 있다. 다른 사람의 눈으로 세상을 바라보면 자유로워지고 더없이 지루해 보이는 일조차 새롭게 체험한다. 하다못해 식료품점에 갈 때 미식가 친구와 동행하면 지루함을 덜 수 있다. 이 친구는 눈앞에 보이는 그 많은 재료로 음식을 만들 생각에 들떠 있다. 우리에게는 마냥 지루한 가게가 친구에게는 활기 넘치는 곳이다. 그는 우리가 알아보지도 못하는 재료를 보며 좋아한다.

이런 안목은 얼마든지 직접 키울 수 있다. 경험을 확장하기를 즐기는 사람과 함께 있는 동안 세상을 더 넓게 보는 법을 배운다면, 혼자 있을 때도 세상을 더 섬세하게 바라보는 능력이 생긴다. 다른 사람은 세상을 어떻게 바라보는지 끊임없이 살펴보면서, 우리 시각만이 유일한 시각은 아니라는 사실을 늘 떠올린다. 장자의 가르침처럼 삶을 새롭게, 열정적으로 경험하려면 사물을 다르게 보는 원칙, 관점 이동 원칙을 따라야 한다.

관점 이동

애를 써서 모든 것을 하나로 만들려 하지만 원래 다 같은 것임을 알지 못한다. 이를 일러 '조삼朝三'이라 한다. '조삼'이란 무엇인가? 원숭이 사육사가 상수리를 주며 말했다. "아침에 세 개, 저녁에 네 개를 주겠다." 그러자 원숭이들이 모두 화를 냈다. 사육사가 말했다. "그렇다면 아침에 네 개, 저녁에 세 개를 주겠다." 그러자 원숭이들이 모두 기뻐했다. 명칭이나 사실이나 달라진 게 없는데도 기뻐하고 화를 내는 마음이 생겼다. 사육사는 단지 둘을 바꿨을 뿐이다. 성인은 '옳음'과 '그름'을 조화시켜 '하늘의 균형'에 맡긴다. 이를 일러 두 길로 나아간다, 즉 '양행兩行'이라 한다.

원숭이 이야기에서 알 수 있듯 의식적인 사고는 멋대로 정한 혼란스럽고 무의미한 범주에 집착해 우리를 속인다. '아침에 세 개, 저녁에 네 개'나 '아침에 네 개, 저녁에 세 개'나 전체적으로는 차이가 없는데도 우리 의식은 차이가 있다고 받아들인다.

관점을 급격히 바꾸면 《장자》에서 말하는 방식대로 세상을 바라볼 수 있다. 《장자》가 수시로 사회 통념을 완전히 뒤집는 이유도 이 때문이다. 가령 어느 이야기에서는 장애가 심한 어떤 남자가 평생토록 구걸로 끼니를 때웠다. 불쌍해 보이지만 어쨌거나 오래 살았다. 반면 그의 주변 젊은이들은 전쟁에 징집되었다. 그렇다면 누가 행운아인가?

우리의 의식적인 사고는 '당위성', 즉 옳다고 여겨지는 것에 집중하는 경향이 있다. 우리는 무엇이 아름답고, 무엇이 크고,

무엇이 고결하고, 무엇이 유용한지 안다고 생각한다. 하지만 우리가 의존하는 단어나 가치가 얼마나 자의적인지 생각해본 적이 있는가?

사람은 습한 데서 자면 허리가 아프고 반신불수가 될 수 있다. 미꾸라지도 그럴까? 사람은 나무 위에 있으면 무섭고 벌벌 떨린다. 원숭이도 그럴까? 이 셋 중 어느 쪽이 올바른 거처를 안다고 하겠는가? 사람은 고기를 먹고, 사슴은 풀을 먹고, 지네는 뱀을 맛있게 먹고, 올빼미는 쥐를 즐겨 먹는다. 이 넷 중 어느 쪽이 올바른 맛을 안다고 하겠는가? 원숭이는 편저偏狙(원숭이와 같은 종류지만 다른 과에 속하는 동물)와 짝을 맺고, 고라니는 사슴과 짝짓기를 하고, 미꾸라지는 물고기와 어울린다. 모장毛嬙과 여희麗姬를 사람들이 아름답다고 하지만, 물고기가 그들을 본다면 물속 깊이 달아나고, 새가 그들을 본다면 하늘 높이 날아오르고, 사슴이 그들을 본다면 필사적으로 달아날 것이다. 이 넷 중 어느 쪽이 올바른 아름다움을 안다고 하겠는가?

우리에게 어떤 관점이 있다는 것은 문제 되지 않는다. 물고기에게도, 새에게도, 사슴에게도 관점은 있다. 문제는 우리 관점이 보편적이라 단정하고 마음을 닫아버리는 것이다. 우리는 사물을 엄격하게 구분하고, 지나치게 고정된 범주와 가치를 만들어 낸다.

하지만 명백해 보이는 범주, 불변하고 보편적으로 보이는 가치란 대체 무엇인가? 살인은 항상 잘못된 행위 아닌가? 은행털이는 어떤가? 자물쇠를 완벽하게 풀고 소리 없이 침입해 돈을 훔친 다음 들키지 않고 빠져나가기 위해 훈련하는 은행 강도를 상상해보라. 장자가 명백한 도덕적 범주를 거부한다면, 무슨 근거로 이 행위를 잘못이라고 말할 수 있겠는가? 이 은행 강도는 훈련된 즉흥성의 완벽한 예가 아닌가?

하지만 장자는 애초에 사물을 엄격히 구분하면 그런 상황을 초래한다고 말할 것이다. 도와 함께 흘러가도록 훈련한다면 강도가 되지 않는다. 누구도 죽이지 않는다. 강도는 처음부터 사물을 구분해 생각한다. '내 것, 저들 것, 나는 이걸 갖고 싶다, 저걸 갖고 말 테다'. 누군가를 죽이는 사람은 삶을 미리 끝냄으로써 사물이 변화하는 흐름을 방해한다. 장자 입장에서 도둑질이나 살인에 반대하는 이유는 그것이 부도덕한 행위라서가 아니라 엄격한 구분을 만들기 때문이다.

장자가 언급한 사례는 진부한 것에서 거창한 것에 이르기까지 범위가 넓지만, 모두 삶을 끌어안는다. 마음을 열어 삶을 끌어안는다면, 다림질도 지겨운 집안일이 아닌 훈련된 즉흥성을 키우는 연습으로 볼 수 있고, 코감기를 불편한 것이 아닌 이불 속에 들어가 소설을 읽는 기회로 볼 수 있으며, 파혼을 상심이 아닌 새로운 미래를 맞이할 기회로 볼 수도 있다. 《장자》는 시야를 활짝 열어젖힌 사람들을 언급한다. 이들은 삶을 끌어안아 진정으로 도와 소통했다. 장자가 참된 사람, 즉 '진인眞人'이라 말한 사람들이다. 이들은 "물에 들어가도 젖지 않고, 불에 들어가도 데지 않는다."

사소한 일이든 큰일이든 그것이 나를 방해하기보다 삶의 짜릿한 흥분이 된다면, 그래서 그 일이 흥미진진해지고 내가 그것을 삶의 일부로 끌어안는다면 어떨지 상상해보라. 어떤 현상을 수많은 관점에서 바라보며, 모든 현상은 흐름과 변화의 과정이라고 이해한다면 어떨지 생각해보라. 장자의 비유로 돌아가, 이처럼 관점을 바꾼다면 우리는 어쩌면 물에 들어가도 젖지 않고, 불에 들어가도 데지 않는 참된 사람이 될지도 모른다.

마지막 구분

우리가 진정으로 모든 것을 무제한적 관점에서 바라본다면, 삶의 모든 면을 찬양할 수 있을 것이다. 마지막 구분인 죽음까지도. 죽음도 어쨌거나 도의 끝없는 순환 중 일부분일 뿐이다.

장자는 죽음에 대한 두려움을 이해했다. 인간은 지각 있는 존재로서 자신의 종말을 두려워하게 마련이다. 하지만 장자가 보기에 죽음을 그런 식으로 생각한다면 엉터리 구분을 하는 꼴이다.

우리가 인식하는 구분 중에는 명백히 옳은 것도 있다. 나는 바로 나, 이 책을 읽는 인간이지, 내 앞에 있는 책상도, 내가 앉아 있는 의자도 아니다. 그러나 이런 구분은 순간적이다. 나를 특정한 순간의 인간으로 엄격하게 규정한다면, 나를 거대한 세계의 일부로 생각하지 못하는 위험을 감수해야 한다. 인간이던 나는 죽는 순간, 더 큰 자연의 일부가 된다. 조금도 두려워할 일이 아니다.

장자의 아내가 죽자 혜자가 문상을 왔다. 그런데 장자가 다리를 뻗고 앉아 물동이를 두드리며 노래를 부르고 있었다. 혜자가 말했다. "부인과 함께 살고, 함께 자식을 키우고, 같이 늙었습니다. 그런 분이 돌아가셨는데, 곡을 하지 않는 것도 모자라 물동이를 두드리며 노래를 부르다니 너무하지 않습니까?" 그러자 장자가 말했다. "그렇지 않다. 아내가 죽었는데, 처음에는 어찌 슬프지 않았겠는가? 하지만 아내가 태어나기 전을 돌이켜보니 본래 생명은 없었다. 생명이 없었을 뿐 아니라 형체도 없었다. 형체가 없었을 뿐 아니라 기도 없었다. 혼돈 사이에서 변화가 일어나 기가 생겼고, 기가 변하여 형체가 생겼으며, 형체가 변하여 생명이 생겼다. 이제 그것이 또 변해 죽음이 되었다. 이는 봄, 가을, 겨울, 여름 사계절의 변화와 같다. 지금 아내는 큰 방에서 쉬고 있는 것이다. 내가 그 죽음을 따라 큰 소리로 곡을 한다면 천명을 깨닫지 못한 꼴이라 곡을 그만두었다."

장자의 말은, 죽음은 앞날을 내다보는 것이라거나 서둘러야 하는 것이라는 뜻이 아니다. 죽음을 서두르기는커녕 삶을 최대한 누려야 한다. 아내가 죽어도 슬프지 않다는 뜻도 아니다. 슬픔은 저절로 찾아왔다. 사랑하는 사람이 죽으면 당연히 그립고

슬프게 마련이다.

순전히 인간의 관점에서 본다면 죽음은 이루 말할 수 없이 참담하다. 우리 일부가, 사랑하는 사람이, 인간이 소멸하는 것이기 때문이다. 그러나 최대한 넓은 관점에서 본다면, 죽음을 마냥 슬퍼하기보다 장자가 그랬듯이 인간이라는 형체는 경이롭지만 동시에 도를 구성하는 모든 변화 중 찰나의 순간일 뿐이라고 이해할 수 있다. 따라서 우리는 항상 도의 일부였고, 지금도 도의 일부다. 죽은 저 사람은 풀의 일부, 나무의 일부가 될 것이고, 새가 되어 하늘로 날아오를 것이다. 우리는 항상 우주의 흐름과 변화의 일부이며, 앞으로도 늘 그럴 것이라고 이해한다면, 더 이상 죽음을 두려워할 필요가 없다. 우리는 자유의 몸이 되어 삶을 한껏 끌어안는다. 세상에서 우리 삶을 제한하던 마지막 구분과 영영 이별하는 것이다.

《장자》에 등장하는 모든 우화와 짧은 이야기에서 우리는 한정된 인간의 관점을 벗어나면 어떤 결과가 나타나는지 생각해볼 수 있다. 비유해서 말하면 세상을 나비의 관점에서, 새의 관점에서, 호랑이의 관점에서 본다는 뜻이고, 좀 더 현실적으로 말하면 세상을 다른 사람의 시각으로 본다는 뜻이다. 여자라면 남자가 보는 세상은 어떨지 상상한다. 젊은이는 노인의 눈으로 보는 세상을 상상한다. 돈 많은 변호사라면 가난한 예술가의 궁핍한 삶을 생각해볼 수도 있다. 동맹국의 눈에, 또는 적국의 눈에 비친 세상을 상상해보라. 열린 태도로 가능한 한 모든 관점을 받아들인다면 가장 광활한 곳에서 전체 우주를 조망하고, 만물의 끝없는 변화를 이해할 수 있다.

이것이 장자가 제안하는 무제한적 관점과 훈련된 즉흥성이다. 인간을 초월하는 능력은 바로 우리가 인간이라는 사실에서 나온다. 우리가 지구 상의 다른 어떤 생물보다 우주를 더 넓게 포용할 수 있는 이유는 방대한 상상력 덕분이다. 오로지 우리 인간만이 끝없는 가상 세계에 들어가 다른 존재의 시각으로 우주를 볼 수 있다. 그러려면 항상 모든 것을 받아들이고, 도에 따라 즉흥적으로 움직이고, 적극적으로 변화의 일부가 되도록 끊임없이 노력해야 한다.

THE

P

인간성에 대하여

순자 | 세상 다스리기

ATH

자기 수용은 개인이 성장하는 데 핵심이란 말을 자주 듣는다. "자신을 있는 그대로 사랑하라. 바로 지금 자신의 모습을 편안하게 받아들여라." 그러다 보면 자신뿐 아니라 자신의 삶도 받아들이게 되고, 결국 마음까지 평온해진다.

그런데 우리가 아는 철학자 한 사람은 이런 차원의 자기 수용을 우려했다. 기원전 약 310년에 태어난 유가儒家 사상가 순자荀子는 있는 그대로의 자기 모습을 받아들여야 한다고 생각하지 않았다. 그는 자신의 생각을 지극히 자연스러운 것으로 쉽게 인정해서는 절대 안 된다고 주장했다.

물론 아이가 우물에 빠지면 누구든 달려가 구하겠지만, 순자는 덜 이타적인 충동도 매 순간 잊지 말아야 한다고 했다. 우리가 지닌 최악의 갈망과 욕구 역시 우리의 자연스러운 부분이다.

교통 체증으로 꼼짝도 못 하는데 누군가가 빵빵대면 순간적으로 분노를 느낀다. 우리는 친구의 불행을 두고 이러쿵저러쿵하면서 그 친구가 은밀하게 털어놓은 비밀을 누설한다. 누군가가 우리에게 안 좋은 말을 하면 며칠을 두고 속을 끓이면서, 불안감을 누르려고 온라인에서 이런저런 쇼핑을 해댄다. 우리 내면의 길들지 않은 최악의 모습을 억누르지 않고 그냥 놔둔다면, 매 순간 우리의 '진짜' 자아를 받아들인다면, 어떤 일이 일어날지 상상해보라. 순자는 이렇게 썼다.

> 인간의 본성은 악하다. 선은 작위에서 나온다. 인간의 본성으로 말하면, 태어나면서 이익을 좋아한다. (…) 태어나면서 증오하고 미워한다. (…) 따라서 인간의 본성과 감정을 따른다면 반드시 싸움이 일어날 것이다.

순자에게 '자연스러운 것이 더 좋다'는 생각은 위험하다. 순자는 단지 인간의 본성만 언급하지 않았다. 그는 세계에 관한 인간의 생각 전반을 언급했다.

세상을 다스리는 인간

아래 이야기를 보자. 순자가 말한 수많은 가상 세계 이야기와 아주 비슷한 이야기다.

　아주 먼 옛날, 비가 오는 날도 있었을 테고, 비가 오지 않는 날도 있었을 것이다. 비가 언제 올지 아무도 몰랐다. 날이 추울 때도 있었을 테고, 더울 때도 있었을 것이다. 추울 때는 입을 옷이 없는 사람은 얼어 죽을 수도 있었다. 비가 오지 않을 때는 식물이 자라지 않았다. 비가 올 때는 식물과 열매가 자랐는데, 덕분에 인간이 양분을 얻기도 했지만, 독을 먹고 앓아눕기도 했다.
　인간은 차츰 이런 일이 무작위로 일어나지 않는다는 것을 이해했다. 그러면서 언제 비가 오고 언제 비가 오지 않을지, 언제 춥고 언제 더울지 터득했다. 먹을 수 있는 식물과 독이 있는 식물이 어떤 것인지도 깨달았다. 그리고 식물을 재배하기 시작했다. 날씨 변화에 따라 식물을 심으면서, 그 변화가 계절이라는 것도 알게 되었다. 이 과정이 계속되면서, 식물을 심기 위해 땅을 더 갈고, 동물을 길들여 이 일에 투입하고, 길들일 수 없는 동물은 쫓아냈다.

결국 한때는 예측 불가능한 자연의 혼돈으로 보이던 갑작스러운 비, 바람, 추위, 더위, 양분, 독 같은 것들이 조화로운 체계로 바뀌었다. 땅에서 자라는 것이 이제는 하늘의 원대한 법칙과 관련되었다. 하지만 이것은 자연 그대로가 아니다. 인간이 세계를 길들인 결과다. 인간이 그렇게 만들었고, 서로 별개였던 현상이 일련의 조화로운 과정이 되었다.

농업 발명에 관한 이 이야기는 우리가 아는 세계는 인간이 구성한 것이라는 사실을 상기시킨다. 인간은 자연에 있는 것을 가져다가 재구성하고, 고치고, 길들여 자신의 필요를 충족했다.

다시 말해, 세상을 다스리는 것은 인간이다. 순자는 우리는 이 세상에서 태어났지만, 세상의 이치는 인간이 만들었다고 상기시킨다.

천지는 군자를 낳고, 군자는 천지를 다스린다. 군자는 천지와 동등하게 참여하고, 만물을 거느리며, 백성의 부모다. 군자가 없으면 천지가 다스려지지 못한다.

순자는 인간의 본성이나 대자연에 충실한 것, 세상을 '있는 그대로' 받아들이는 것은 애초부터 한계가 있고 매우 위험하다고 생각했다. 그는 세상의 많은 부분이 우리가 이미 만들어놓은 것이라는 사실을 이해한다면 삶을 살아가는 방식이 크게 달라질 것이라고 말한다. 우리가 경험하는 이 세계를 우리가 직접 만들었다면, 세계에서 우리가 차지할 적절한 위치를 어떻게 찾을지 자문해서는 안 된다. 그보다는 그 위치를 잘 다졌는지 자문해야 한다.

순자의 시대

공자보다 약 250년 뒤에 살았던 순자는 이제까지 살펴본 중국 철학을 마무리하기에 적임자다. 그가 앞선 사상가들의 업적을 모두 종합했기 때문이다.

순자는 매우 존경받는 교사이자 유가 학파의 선두주자로 전국시대 말기에 살았고, 이 시기의 사건들은 그의 사상에 큰 영향을 주었다. 당시에는 몇몇 나라가 군사를 크게 키워 지배적 위치를 차지하고 있었는데, 이 중 누가 권력을 잡아 새 시대를 열든 맹자의 사상으로는 충분치 않았다.

새로운 정치 분위기는 지식 세계에도 영향을 미쳤다. 이 시대의 무질서와 혼돈을 목격한 순자 같은 사상가들은 당시 정치 상황을 타개할 통합된 해결책을 찾고 있었을 뿐 아니라, 과거부터 내려온 철학 사상의 여러 유파를 일관된 하나의 사상으로 통합하는 방법도 찾고 있었다. 그가 인간을 자연에 있는 임의의 요소를 적극적으로 재구성해 세상을 다스리는 존재로 묘사했듯이, 그 자신 역시 앞선 3세기 동안에 나온 많은 생생한 사상과 개념을 체계적으로 정리했다.

순자는 자신의 철학을 발전시키면서, 앞선 사상가들이 대단히 중대한 개념을 포착했다는 사실을 깨달았다. 예를 들어, 자기 수양에 초점을 맞춘 맹자의 판단은 옳았고, 우리가 어떤 대상과 관계 맺는 방식에 대한 노자의 생각은 매우 중요했다. 하지만 순자는 이 모두에게 맹점이 있다고 주장했다. 다들 무언가를 중요하다고 생각했지만, 누구도 큰 그림을 보지는 못했다.

공자만 빼고는 모두 그랬다. 순자는 오직 공자만 가장 중요하고 가장 근본적인 실천을 이해했다고 생각했다. 그것은 더 나은 사람이 되기 위한 의식 훈련이다.

그러나 순자라면 의식과 관련해 사뭇 다른 행동을 했을 것이다. 공자에게 의식의 의미는 사소한 가상의 순간을 끊임없이 만들어 인간관계에서 소규모 질서를 만드는 데 있었다. 순자는 이 개념을 확장해 사소한 가상의 순간이 아니라 거대한 가상 세계를 만들 수 있다고 보았다. 그에 따르면, 의식이 우리 본성을 바꿀 수 있는 순간은 의식은 작위적이라는 사실을 인식할 때, 오직 그때뿐이다. 순자가 세상에 두루 적용하라고 촉구하는 것이 바로 이 작위 인식이었다. 그럴 때 의식은 더 나은 사람이 되는 데 도움을 줄 뿐 아니라 더 나은 세상을 건설하는 데도 도움을 준다.

작위의 중요성

유명한 글에서 순자는 인간 본성을 굽은 나무에 비유했다. 외부 힘으로 억지로 곧게 펴야만 하는 대상이다. 그러나 인간 본성을 언급한 다른 사람들(이를테면 약 2,000년 뒤에 "휜 목재 같은 인간성에서 곧은 것은 결코 만들어질 수 없다"라고 말한 칸트)과 달리 순자는 굽은 나무 같은 인간 본성이 펴질 수 있다고 믿었다. 이때 필요한 것은 의식의 근원인 '위爲', 즉 작위(꾸며낸 행동)다.

그러나 이 작위는 잘 사용해야 했다. 우리는 작위적으로 또는 가짜처럼 보이는 사람을 불신하는 경향이 있다. 그러나 다른 사람 눈에 비친 우리 모습은 만들어진 것이며, 순자도 우리에게 그 점을 상기시켰다. 우리가 스스로를 자연스럽다거나 '진짜'라고 생각하는 순간에도 그 모습은 선택된 것이며, 따라서 일종의 작위다. 순자에게 작위적인 것은 좋은 것이다. 우리가 작위적으로 행동한다는 사실을 스스로 인식하고 똑바로 처신하려 노력한다면 그러하다.

작위는 즉흥적인 본성과 제멋대로인 감정을 통제하게 해준다. 걸음마를 배우는 아기는 피곤하거나 배고플 때 시끄럽게 울며 짜증을 부리고 제일 좋아하는 장난감을 줘도 선뜻 받지 않는다. 하지만 어른은 좀 더 자기를 통제할 수 있다. 잠도 제대로 못 자고 배가 고픈 채로 업무를 모두 처리한 뒤 퇴근하려는 순간, 동료가 상사와의 문제를 의논하고 싶다며 10분만 시간을 내달라고 할 때, 우리는 '자연스러운' 감정에 굴복해 동료 면전에 커피 잔을 집어 던지며 절대 그럴 수 없다고 화를 내지는 않는다. 그보다는 마치 아무렇지도 않은 듯 동료에게 얼마든지 시간을 내겠다고 말하고, 이야기를 들어주면서 스스로 즐거움과 보람을 느끼며 피곤함과 배고픔도 잊는다. 예정 시간보다 15분 늦게 회사를 나서더라도 우리 '본성'과 참모습에 굴복했을 때보다 더 즐겁다.

나면서부터 그러한 것을 본성性이라 한다. (…) 합쳐지고 감응하는 것이 자연스럽게 방해받지 않고 이루어지는 것도 본성이라 한다. 좋아하고, 싫어하고, 기뻐하고, 성내고, 슬퍼하고, 즐거워하는 것을 감정情이라 한다.

감정이 그러하고, 마음이 감정에 따라 행동하며 선택할 때, 이를 생각慮이라 한다. 마음이 생각하고, 생각에 따라 능히 행동하며 움직일 때, 이를 작위作爲라 한다.

순자는 우리가 의도적으로 본성을 다스려, 감정과 충동을 다듬고 정돈해야 한다고 주장했다. 농업이 우리 주변 세상을 다스렸듯 우리는 의식 같은 작위적 상황을 만들어 본성을 다스릴 수 있다. 우리는 아이처럼 짜증 나는 충동을 억제할 수 있으며, 이로써 어떤 대상에 대한 반응을 조절한다.

그러나 여기에는 모순이 있다. 만약에 성인聖人이 나쁜 본성을 가지고 태어났다면 어떻게 애초에 의식을 만든다는 생각을 할 수 있었을까? 수상쩍은 인간의 온갖 충동을 초월해 어떻게 의도적으로 더 나은 행동을 할 수 있었을까?

순자는 또 다른 비유에서 성인이 우리를 다 함께 잘 살 수 있게 하는 혁신적인 생각을 어떻게 떠올렸을지 상상해보라고 한다. 순자는 그것을 도자기 만드는 일에 비유했다.

무릇 예와 의는 성인의 작위에서 생겨났다. (…) 이처럼 도공은 진흙을 짓이겨 그릇을 만드는데, 그렇다면 그릇은 도공의 작위에 나온 것이지 인간의 본성에서 나온 것이 아니다. (…) 성인은 생각을 축적하고 작위를 익혔으며, 이로써 예와 의를 만들고 법과 법도를 일으켰다.

여기서 순자가 인간의 규범, 법, 의식禮의 탄생을 도기의 창조에 비유한다고 생각하는 사람도 있을 것이다. 둘 다 인간의 능력을 끌어올린 위대한 발명이다. 그러나 사실은 그와 반대로, 순자는 인간 사회의 탄생을 시간을 두고 도기 만드는 법을 익히는 지루하고 점진적인 과정에 비유한 것이다. 순자는 의식은 단지 우연히 생겨나지 않았다는 사실에 주목한다. 의식은 의도적인 노력으로 만들어졌다. 성인이 의식을 만드는 것은 도공이 진흙을 사용하고 느끼면서 완성해야 하는 모양을 상상하고, 꾸준한 훈련으로 도기를 만드는 것과 비슷하다. 성인은 자신의 본성에 작위를 더하고 감각을 연마해 사람들의 상호작용이 어떻게 바뀔지 감지하고, 어떤 종류의 가상 상호작용을 만들어야 사람들이 다 함께 잘 살 수 있을지 상상했다. 성인들은 도공이 도기 만드는 법을 익히듯 오랜 시간에 걸쳐 의식을 만들 수 있었다. 순자는 인간 문화와 사회 의식은 위대한 혁신이 아니라 일상적 기술 연마와 작위로부터 생겨난다고 생각했다.

본성은 근본이자 시초가 되는 재료이며 물질이다. 작위는 문리
文理가 융성한 것이다. 본성이 없으면 작위를 덧붙일 곳이 없다.
작위가 없으면 본성은 스스로 아름다울 수 없다. (…) 본성과 작
위를 합치면 천하를 다스릴 수 있다.

하늘이 내린 인간의 본성은 우리가 직접 다스려야 한다. 그 결
과, 상상할 수 없을 정도로 고양된 아름다운 인간성이 탄생한다.

세상은 자연스러워야 한다는 생각의 위험성

수레와 말을 이용하면 발이 빠르지 않아도 천 리를 갈 수 있다.
배와 노를 이용하면 헤엄을 치지 못해도 강을 건널 수 있다. 군자
는 나면서 다른 사람과 다른 것이 아니라 다만 사물을 잘 이용할
뿐이다.

많은 사람이 인간의 '진보'가 지구와 기후에 미치는 영향을
걱정한다. 우리는 유전자 조작 농산물이나 줄기세포 연구의 윤

리성을 두고 논쟁을 벌이고, 비닐랩에 포함된 독성이나 불소가 첨가된 물을 사용하는 문제를 두고 초조해한다. 휴대전화나 게임기에 붙어사는 아이들을 보면 예전에는 마당에서 놀며 시간을 보냈는데 어쩌다 이 지경이 됐는지 의아해한다. 많은 사람이 기술 진보의 맹공격 앞에서 자연스러움을 미화하고, 인간의 행동으로 모든 것이 악화되기 전 시대로 돌아가면 얼마나 좋겠냐며 아쉬워한다. 모든 것이 과도하게 연결되고, 과도하게 조작된 이 시대에 얼마든지 할 수 있을 법한 걱정이다. 하지만 자연스러운 것이 언제나 더 좋은 것일까?

어쩌면 당연하게도 순자는 그렇게 생각하지 않았다. 그가 살던 시대에도 좀 더 자연스러운 세계에 대한 갈망이 있었다. 그러나 순자는 맹목적인 자연 숭배의 위험성을 두고 할 말이 많았다.

순자는 세계를 작위적으로 구성하는 우리 능력을 긍정적으로 봤다. 어쨌거나 자연스러운 상태의 세계는 힘겨운 투쟁으로 가득하다. 물고기는 헤엄치고, 새는 난다. 모두 도를 따르는 행위지만, 물고기 중에는 애초에 태어난 곳에서 알을 낳으려고 물의 흐름을 거슬러 힘겹게 헤엄치는 연어도 있다. 새 중에는 겁에

질린 작은 동물을 거침없이 덮치는 맹금류도 있다. 모두 본성에 따라 즉흥적으로 사는 생물이다. 우리도 자연 상태에 남겨지면 그와 같이 즉흥적으로 살 것이다. 하지만 늘 즉흥적이고 늘 투쟁하며 본성대로만 살고 싶지는 않을 것이다. 우리 인간은 이런 생물 중 유일무이하게 자신을 바꾸고 자연스러운 상태를 초월하는 세계를 구축하는 능력을 갖고 있다. 자신을 세상의 다른 존재와 구별하려는 성향은 인간의 자산이며 도덕성, 의식, 혁신을 창조하는 원동력이기도 하다.

세상은 자연스러워야 한다는 생각이 위험한 이유는 우리가 얼마나 위대한 것을 창조할 수 있는지 깨닫지 못하게 하고, 주변 세계에 대한 책임을 부정하기 때문이다. 순자는 우리가 정신을 이용해 자연스러운 자아와 자연스러운 세계를 개선하고 능력이 닿는 한 최고의 인간이 되어야 한다고 생각했다.

장자의 포정 이야기를 기억하는가? 포정은 마침내 고기에 나타나는 유형을 감지하는 능력을 터득해, 그 틈새로 칼날을 움직인 까닭에 칼을 숫돌에 갈 필요도 없었다. 장자는 이런 유형 또는 이치가 자연에 존재한다고 보았지만, 순자라면 이 이야기에 담긴 어떤 요소도 자연스럽지 않다고 주장할 것이다. 그는 그

고기가 나온 소는 길든 소이고 그 칼은 인간이 만든 칼이라는 점을 상기시킬 것이다. 포정이 백정이라는 직업에 종사했다는 사실도 작위다. 인간이 만든 직업이기 때문이다. 그 상황 전체가 사회적으로 만들어진 것이다. 거기에 나타난 이치도 인간이 개입한 결과이며, 우리가 주목해야 할 부분도 바로 그 점이다. 우리는 자연을 길들이고, 조직하고, 다스린다. 우리가 어떻게 행동하느냐는 우리에게 달렸다.

자연스러운 것은 없다

순자는 인간의 문명 개입 이야기에서, '자연스러운 것'에 인간의 노력이 쌓여 비할 데 없이 훌륭한 결과가 나온다는 점을 상기시켰다.

우리는 세상을 다스림으로써 입을 옷이 없어 겨울에 얼어 죽고, 머물 곳이 없어 동굴과 나무에서 살고, 먹을 것을 찾아다니다가 더러는 독이 든 열매를 따 먹고 죽기도 하는 시대를 마감했다. 옷과 주거지와 농업을 발명하면서 자연을 길들이고, 자연을 변형해 풍요를 누렸다.

물론 인간의 개입으로 위험한 결과를 초래할 때도 많다. 그렇더라도 순자는 물러서지 않을 것이다. 그보다는 이 세상을 우리 손으로 만들었다는 사실을 인식하고, 실수에 주목해 개선함으로써 앞으로 더 나은 방향으로 개입하고, 혁신하고, 창조하라고 격려할 것이다.

우리는 이미 세상에 '이치와 질서'를 부여하는 식으로 세상을 다스려왔다. 이 중 더러는 확연히 눈에 띄고, 더러는 그렇지 않다.

한 가지 예를 들어보자. 우리는 출산과 관련해 '자연'이란 말을 자주 쓴다. 자연분만을 찬성하는 사람들은 그것이 자연이 의도한 출산 방식이라고 말한다. 의료 행위도, 어떤 개입도 없이 이 방식에 따라 더러는 병원 밖에서 출산하기도 한다. 의료가 개입되기 전부터 여성이 아이를 낳던 방식이라고들 이야기한다. 여기에는 자연스러운 것이 산모와 아이 모두에게 좋다는 암시가 들어 있다.

그러나 근대사회의 자연분만은 여러 가지 개입으로 가득하다. 이 중 가장 혁명적인 개입은 분만실에 들어가는 사람들의 손 씻기다. 그 전에는 출산 직후 산모의 사망률이 매우 높았는데, 대표적 원인이 비위생적 환경에서 비롯된 산후 발열이었다. 1800년대 중반에 헝가리 의사 이그나즈 제멜바이스Ignaz Semmelweis는 병원에서 출산하는 여성이 집에서 출산하는 여성보다 사망률이 훨씬 높다는 사실에 주목했다. (사실 병원에는 몸이 대항해 싸워야 하는 세균이 집보다 많았다.) 이후 제멜바이스는 그 원인을 밝히기 위해 대대적인 연구에 돌입했다. 그 결과, 살균 용액으로 손을 씻으면 사망률을 획기적으로 줄일 수 있다는 결론을 내려 사람들의 비웃음을 샀다(어떤 의사는 이렇게 대꾸했다. "의사는 신사입니다. 신사의 손은 언제나 깨끗하죠"). 제멜바이스가 일하는 병원은 그의 제안을 받아들여 산모의 사망률을 90퍼센트까지 줄였지만, 다른 병원은 그의 조언을 무시했다. 사람들의 비난과 자신의 생각을 신뢰하지 않는 태도에 크게 상심한 제멜바이스는 정신병원에서 47세의 나이로 사망했다. 여러 해가 지나 프랑스 미생물학자 루이 파스퇴르Louis Pasteur가 균의 존재를 증명한 뒤에야 비로소 의사들은 분만실에 들어가기 전에 손 씻는 것을 일상화했다.

오늘날에는 손 씻기를 꼭 필요한 예방 조치이자 더없이 자연스러운 행위로 인식하지만, 사실은 정착되기까지 수십 년이 걸린 인간의 발명이다. 순자라면 그 발명이 필요했던 이유는 병원 출산이라는 획기적인 변화 탓이라고 말했을 것이다. 그리고 병원 출산은 인구 증가 같은 변화에 대한 반응인 동시에 외부 균에 노출된다는 새로운 위험 요소를 안고 있었다. 모든 혁신은 해결책이 필요한 새로운 문제를 낳는다. 그러나 순자에 따르면 그 해결책은 혁신 이전으로의 회귀가 아니다. 앞선 혁신에서 생긴 문제를 해결하며 한 걸음 더 나아가는 식으로 혁신을 축적하는 것이다.

또 하나의 예를 보자. 유전자 변형 작물이 점점 확산되면서 이에 대한 두려움이 커지자 유전자 변형 식품에 변형 사실을 표시해야 한다는 요구가 거세졌다. 유전자 변형은 인간이 신처럼 행세하며 자연 질서를 교란한다는 두려움을 불러일으킨다. 사실은 오늘날 우리가 소비하는 식품 중 대부분이 지난 수천 년 동안 서서히 변형된 것이다. 숲속 깊이 들어가 버섯이나 산딸기 등을 찾지 않는 한 인간이 길들이지 않은 식품을 찾기는 어렵다. 오늘날의 유전자 조작은 식물을 이제까지보다 좀 더 빠른 속도로 바꿀 뿐이다.

물론 유전자 변형이 항상 좋은 쪽으로만 이루어지지는 않는다. 그러나 순자라면 얼마나 '자연스러운가'라는 기준으로 식품을 평가해서는 안 된다고 말할 것이다. 진짜 중요한 것은 작위를 현명하고 올바르게 사용했느냐고 묻는 질문이다.

  우리가 자연스러운 세계를 갈망하게 된 것은 아마존 우림지대에 대해 토론하면서부터다. 심각하게 파괴된 아마존을 보면 경악하지 않을 수 없다. 이런 우려에는 흔히 우리가 마지막 남은 자연 지역을 파괴한다는 절망감이 배어 있다. 그런데 아마존 우림지대의 상당 부분은 그곳 토착민이 길들여 만든 것이라는 사실이 고고학 연구에서 이미 밝혀졌다. 따라서 우림지대를 그대로 보존하는 행위는 자연 상태로 되돌리는 게 아니라 인간이 길들여놓은 형태를 보존하는 것이다. 우림지대 보존을 둘러싼 논쟁은 대단히 중요하고, 그 결과가 미칠 파장 또한 꽤 클 것이다. 이때 '자연스러운 것'에 관한 문제를 토론에서 뺀다면 더욱 생산적인 결과를 얻을 수 있다.

  우리가 사는 세상은 우리 손으로 만들었으며, 그 세상을 어느 방향으로 이끌 것인지도 우리가 직접 선택할 수 있다. 아마존을 보존하는 최선의 방법이라든가 생물 복제 또는 식품의 유전자 변형 같은 주제를 이야기할 때 자연적인 것과 작위적인 것의 대결로 끌고 가면 토론은 어려워진다. 그리고 토론 방향을 잘못 잡으면 진짜 당면한 문제를 다루지 못한다. 자연에 집착하면 세상을 바꾸는 인간의 힘을 포기하게 된다. 아울러 우리가 세상에 문제를 만들기도 했지만 그만큼 자연에 존재하는 것들을 개선하기도 했다는 사실을 인식하지 못하고 만다.

세상을 적절히 조율하는 인간의 긍정적인 능력을 보지 못하면 스스로 손을 묶고 눈을 가린 꼴이 되어 환경보호나 줄기세포 연구 등의 문제에서 미묘한 부분을 놓치고 말 것이다. 우리가 던져야 할 질문은 단순하다. 우리는 이런 일을 잘 처리하고 있는가? 그렇지 않다면 어떤 점을 개선할 수 있는가?

자연을 미화하는 사람이 있듯 기술을 숭배하면서 무조건 더 새롭고 큰 것이 좋다고 생각하는 사람도 있다. 그러나 자연을 맹목적으로 받아들이면 안 되듯 작위도 마찬가지다. 기술 진보가 새로운 것을 발명해 우리 삶을 더 편리하게 만들어주는 것은 사실이다. 그러나 순자의 입장에서 보면, 기술을 미화하는 사람이나 악마로 묘사하는 사람이나 작위에 접근하는 방식을 잘못 알고 있기는 마찬가지다. 중요한 것은 끊임없는 기술 혁신이 아니다. 중요한 것은 상황마다 그 혁신으로 무엇을 하고, 그 혁신을 토대로 어떻게 주변 세계를 건설하느냐 하는 것이다.

우리는 작위적으로 세계를 구성했고, 그 세계는 말할 수 없이 심각한 문제를 안고 있다. 그렇다고 해서 세계를 더 나은 쪽으로 변화시키는 인간의 능력을 포기해서는 안 된다. 그보다는 이제까지 해온 일들을 이해함으로써 앞으로 나아갈 방향을 바꿔야 한다.

인간이 만드는 세상

물과 불은 기氣는 있지만 생명이 없다. 초목은 생명은 있지만 지각이 없다. 금수는 지각은 있지만 의義가 없다. 인간은 기가 있고, 생명이 있고, 지각이 있고, 의까지 있다. 따라서 인간은 천하에 가장 귀한 존재다.

순자는 우주의 모든 생명 가운데 우리 인간만이 자신의 능력을 뛰어넘어 훌륭한 삶을 꾸릴 능력이 있다고 믿었다.

이 믿음은 앞선 사상가들의 생각을 토대로 하고 있었다. 그러나 순자의 사상에는 그가 살았던 격동의 시대가 많이 반영되었다. 당시는 막강한 몇몇 나라가 거대한 관료제를 구축하고 중국을 통합할 새로운 왕조 건설에 그 어느 때보다도 박차를 가하던 때였다.

그러자 나라의 힘을 줄이고 좀 더 도덕적인 시대로 돌아가자는 목소리가 높아졌다. 그러나 순자가 보기에, 과거로 돌아가는 일은 없을 것이며, 새로운 왕조는 이전 왕조와 사뭇 다를 게 분명했다. 그는 비록 막강한 국가 체제가 문제는 있어도 그걸 거부하는 것은 앞으로 나아갈 길이 아니라고 생각했다. 그보다는 현실을 인정하고 그 속에서 문제를 해결해야 했다. 사람들은 이 새로운 체제를 잘 활용할 방법을 터득해야 했다. 기존 체제를 재구성해 사회 이동이 가능한 국가를 세우고, 교육받은 지식층이 통치하는 세계를 창조해야 했다. 그런 능력 위주 사회를 건설하는 것이 순자에게는 인간이 세상을 다스리는 가장 현명한 방법이었다.

세상을 철학적으로 다스리는 문제에서 순자는 여전히 유효한 기존의 사상을 살폈다. 그는 세상을 만들어간다는 노자의 개넘에 동의했지만, 그 세상이 겉으로는 자연스러워 보여도 실제로는 그렇지 않은 탓에 위험한 발상이라고 생각했다. 사이비 종교 지도자를 생각해보라. 추종자들을 꾀어 대재앙을 예고하는 자신의 예지력을 믿게 한다. 히틀러는 어떤가. 그가 만든 세상은 겉으로는 자연스러워 보이지만 결국 비인간적 참상으로 끝났다.

순자는 《내업》에서 말하는 수양 권고를 이해했다. 하지만 주변 세계와 공감하기 위해 신성을 수양하다 보면 쉽게 인간성 초월로 이어진다. 그런데 순자는 바로 이 인간성이 우리에게 더 나은 세상을 창조하는 능력을 부여하는 원천이라고 주장했다. 그러니 신이 되어 세상과 공감하려 하지 말고, 혼란스러운 인간, 즉 우리 자신에게 공을 들여야 한다.

순자는 광범위한 역사적 차원에서 앞선 두 세기 동안의 사상을 한데 엮었다. 우리도 그와 같이 할 수 있다. 어떤 상황에서는 좀 더 노자처럼 행동하고, 어떤 상황에서는 좀 더 장자처럼 또는 공자처럼 행동하면 어떨지 생각해본다. 순자처럼 우리도 여러 사상가가 어떻게 중요한 것을 알아내고, 또 어떻게 자신의 생각에서 한계와 약점을 인식하는지 알아볼 수 있다.

우리는 이미 자신을 창조하고, 세계를 창조하고 있다. 우리가 살아가는 세계와 우리 자신은 작위의 산물이다. 우리가 여전히 인간인 채로 내가 생각하는 나를 뛰어넘을 수 있는 동력은 자기 수양뿐이다. 무언가를 지혜롭게 창조한다는 것의 의미를 이해한다면, 우리 앞에 놓인 모든 가능성에 열린 태도를 유지할 수 있다. 우리가 어떤 식으로 주변 환경을 만들어놓았는지 인식한다면, 이 우주에서 이치와 질서를 부여해 세상을 다스리는 유일한 존재로서의 역할을 수행할 수 있다. 외부의 자연이나 우리 내면의 자연스러운 본성이나 매한가지다. 공들여 바꾸고 개선해야 한다. 이 세상을 구축한 것은 우리다. 따라서 세상을 바꿀 사람도 우리다.

THE

P

가능성의 시대

ATH

공자가 말했다. "내 나이 열다섯에 학문에 뜻을 두었고, 서른에 사회적 언행이 바로 섰고, 마흔에 어떤 일에도 현혹되지 않았고, 쉰에 하늘의 뜻을 알았고, 예순에 남의 말을 분명히 이해했고, 일흔에는 마음 가는 대로 행동해도 법도에 어긋나지 않았다."

우리는 이 책을 시작하면서 몇 가지 강력한 주장을 폈다. 사람은 누구나 내가 누구인지, 우리 사회가 어떻게 작동하는지, 세계사에서 내 위치는 어디쯤인지에 대해 이런저런 단정을 하지만, 그중 상당수가 엉터리라는 주장이다. 더러는 그 단정대로 살다 보면 경험과 잠재력이 크게 제한되어 위험하기까지 하다.

이 가운데 단연 두드러진 엉터리 단정이라면 오늘날 우리는 과거의 억압적 전통 사회와 단절하고 자유로운 삶을 영위하는 근대 사회에 살고 있다는 생각이다. 워낙 널리 퍼진 뿌리 깊은 관념이라 사람들은 이를 절대적 진실로 당연하게 받아들이고 자신도 모르게 이 단정에 따라 생각하고 행동한다.

우리가 정의한 전통 사회에서는 자아는 안정되고 세계는 불변하며 일관적이다. 아울러 인간은 더 큰 사회 규범을 무조건 따름으로써 행복을 얻고, 사회 이동은 최소한에 그친다. 그리고 사람들의 세계관은 제한적이고 다른 사회의 생각 따위에는 귀 기울이지 않는다.

그러나 전통 사회를 이런 식으로 정의한다면, 그 전통적 세계관을 받아들이고 전통 사회로 회귀하는 사람은 바로 우리다. 우리는 개인적 차원에서든 (상호작용에서 나를 제한하거나 내 미래에 대한 결정을 제한하는 등의) 사회적 차원에서든 (부가 소수 지도층에 집중되거나 사회 이동이 크게 줄어드는 등의) 서서히 전통 세계로 회귀하는 중이다.

우리는 전통과 근대를 이런 식으로 정의하면서 전통 사회와 근대사회를 수직선의 양 끝에 놓고 모든 것을 그 수직선에 대입해왔다. 그러나 세상을 바라보는 완전히 다른 축도 있다. 안정되고 진실한 진짜 세계가 한쪽 끝에 있고, 우리가 다룬 철학자들의 세계관처럼 와해되고 분열된 정신없는 세계가 반대편에 놓인 축이다.

이제까지 살펴본 중국 철학은 관점의 한계를 탈피하고 우리는 누구이며 우리가 사는 이곳은 어떤 세상인가에 관한 기존의 통념에서 벗어나게 한다. 이로써 일관성, 진실성, 확실성을 근대적인 것으로 보기는커녕 그런 이상적 개념이 어떻게 우리를 속박하는지 인식하게 된다. 복잡하고 분열된 세상을 헤쳐나가는 것이 지금 우리가 있는 곳에서 자유로워지는 방법이다. 힘들더라도 신선한 사고방식에 열린 태도를 보여야 전통적 세계를 떠나 진정한 세계인이 될 수 있다.

서양은 어떻게 전통 사회로 돌아갔는가

왜 우리는 처음부터 이런 생각을 하지 못했을까?

앞서 언급했듯 주축시대는 당시 유라시아 대륙 전역에서 귀족 사회를 급진적으로 마감한 뒤 종교적, 정치적 실험이 성행하던 때다. 하지만 실험은 막을 내렸다. 적어도 유라시아 일부 지역에서는 그랬다.

로마제국이 몰락하면서 유럽은 귀족 통치로 돌아갔다. 수세기가 지나 사람들이 전통 사회라고 회고할 시대가, 사회 지위와 정치권력이 오직 출생으로 결정되는 시대가 다시 도래한 것이다. 19세기에 전복될 세습 사회다.

이 세계는 정치적으로 분열되었다. 귀족들은 자기 지역을 따로 두고 지배했다. 각 지역 통치자는 자기만의 풍습과 법령을 내키는 대로 만들어 조화나 일관성을 찾아볼 수 없었다. 통합된 법을 만들 대표적인 국가가 없던 탓에 각 지역을 연결하는 도로나 기타 공공 기반 시설도 마련되지 않았다. 사회 이동만 없던 게 아니라 운송로가 부족해 상업 활동도 발전하지 못했다.

그러다가 약 1,000년이 지나서야 우리가 생각하는 근대가 시작되었다. 이 시기에 프로테스탄트가 등장하면서 개인을 강조하고, 도시와 시장경제가 생기고, 마침내 중산계급이 출현해 정치권력을 요구했다.

이제까지 언급한 모든 것이 유럽의 발전과 우리가 중국을 생각하는 방식에 지대한 영향을 미쳤다.

유럽은 타고난 권리로 구축된 오래된 계급 사회에서 탈피했다가 얼마 지나지 않아 로마제국이 몰락하면서 재빨리 귀족 사회로 돌아갔다. 그러나 다른 지역에서는 전통적 과거 사회에서 탈피하는 과정이 좀 더 오래 지속되었다.

중국 초기 제국 시대의 첫 번째 중요한 제국인 한나라는 효율적인 국가를 만들고, 관료주의와 법을 이용해 세습 규정을 도려냈다. 3세기에 한 왕조가 멸망한 뒤에도 이후 등장한 여러 제국은 여전히 성공적인 국가 관료 체제를 만들어나갔고, 이는 중국의 번영으로 이어졌다.

예를 들어 7세기 초, 유럽 북서부 지역이 여전히 소규모 봉건 집단의 지배를 받고 있을 때, 중국에서는 거대한 제국, 당나라가 출현했다. 효율적인 관료제와 법률 체계로 운영된 당은 활기차고 범세계적 사회를 건설해 번영을 누렸고, 수도는 유라시아 전역에서 유입된 사람과 종교, 그리고 상품으로 넘쳐났다.

12~13세기 중국을 지배한 대규모 관료제는 진정한 능력 위주 체제가 되어갔다. 황제를 제외하고 권력의 지위에 오르려면 교육을 받고 과거 시험을 치러야 했다.

이 시험의 목적은 응시자가 어떤 재능을 타고났는지, 또는 어떤 기술이나 능력을 보여줄 수 있는지 측정하는 것이 아니었다. 이 시험에서는 응시자에게 관료가 되면 실생활에서 마주칠 법한 상황을 가정해 질문을 던지는데, 여기에는 도덕적 딜레마와 갈등, 상충하는 이해관계가 가득하다. 이때 판단 기준은 응시자가 정답을 맞혔는지 여부가 아니다. 애초에 정답은 없다. 평가 기준은 큰 맥락을 잘 파악하고 복잡한 도덕적 상황을 잘 헤쳐나갈 수 있는 가능성이다.

물론 누구나 이 시험을 칠 수 있는 것은 아니었다. 우선 응시 자격은 남자로 제한됐다. 그리고 당시 세계 어디나 그랬듯이 보편적 교육은 시행되지 않았다. 게다가 부자들이나 자식에게 과거 시험을 대비한 개인 교습을 할 수 있었다. 하지만 이 시험을 준비하는 학생은 도덕적으로 자기를 수양하고 귀족 지도층과는 다른 가치를 습득했다. 답안은 익명으로 작성해, 출신 집안이 영향을 미치지 못하게 했다. 시험에 합격하면 고향에서 멀리 떨어진 지역을 이곳저곳 옮겨 다니며 근무해야 했는데, 어린 시절의 연고나 지역의 막강한 이해관계에 휘둘리지 않게 하기 위해서였다.

이런 제도는 권력은 세습되어서는 안 되며, 교육받은 지식층에 돌아가야 한다는 것을 의미했다.

이로써 국가는 귀족 지도층의 기득권에서 벗어나 공공 기반 시설 확충에 힘을 집중할 수 있었는데, 봉건 유럽의 분권화되고 단절된 세계에서는 불가능한 일이었다. 중국은 도로를 놓고, 운하를 건설하고, 광범위한 법률 체계를 만들었다. 모두가 대단히 생산적인 조치여서 경제성장에 크게 기여했다. 경제가 활기를 띠면서 중국 전역과 국경을 한참 넘어서까지 거대한 무역망이 발달했다. 이 무역망은 15세기에서 18세기까지 동남아시아 전역을 시작으로 인도양을 건너 중동까지 이어지는 무역 체계를 구축하는 데 주요 역할을 담당했다. 그리고 궁극적으로는 중국과 지중해 지역을 이어주었다. 예를 들어 베네치아는 이 무역망을 통해 상품을 사고팔아 대규모 부를 축적했다.

이 엄청난 해상 경제가 유라시아 상당 부분을 바꿔놓기 시작할 때까지 유럽 일부는 여전히 귀족이 통치하는 '전통'에 머물러 있었다. 이 무역망과 거리가 멀고, 따라서 거기서 창출되는 부를 얻지 못한 네덜란드, 스페인, 잉글랜드 같은 유럽 북서부 국가는 아프리카 남단을 돌아 아시아로, 그리고 이후에는 지구를 빙 돌아 서쪽으로 가기 위해 배를 건조했다. 그러나 이들이 도착한 곳은 아시아가 아닌 아메리카 대륙이었다. 이들은 노예 노동력을 기반으로 대서양을 건너 새로운 식민지 경제를 건설했다.

이 새로운 식민지 경제는 서구 유라시아에 부를 가져다주었다. 그러나 돈으로만 나라를 세울 수는 없었다. 여기서 이 이야기의 다음 부분이 시작된다.

◎

예수회는 16세기에 일찌감치 중국으로 길을 떠났다. 그리고 거기서 눈을 의심했다. 이들은 자신이 목격한 것을 보고서에 기록했다. 관료제는 귀족이 아닌 교육받은 지식층이 이끌었고, 법률은 농민이든 귀족이든 모든 이에게 적용됐으며, 사람들은 과거 시험에 응시하기 위해 교육을 받았고, 능력을 중요시해 사회 이동이 가능했다. 이 모두가 유럽에서는 듣도 보도 못한 일이었다.

이 기록은 2세기가 지나 유럽 전역을 휩쓴 계몽주의의 불씨가 되었다. 프랑스 작가 볼테르Voltaire, 1694~1778를 비롯한 사상가들은 이 기록을 읽고, 그것을 어떻게 모방할 수 있을지 물었다. 이들은 관료제, 법규, 교육받은 지식층을 양성할 제도를 마련하기 위해 머리를 짜냈다. 유럽 통치자들은 그런 제도를 얼마든지 만들 수 있다는 사실을 깨달았다. 어쨌거나 중국에는 존재하지 않는가.

이들은 우선 효율적인 국가를 세우고, 법체계를 확립하고, 강력한 군대를 창설했다. 이렇게 만든 새로운 국가는 대서양 경제에서 비롯된 부를 바탕으로 놀랍도록 강대해졌고, 마침내 아시아 무역망을 잇는 거점이 되었다. 그러나 이제 목표는 단지 그 무역망에 포함되는 데 그치지 않았다. 이제 그것을 장악해야 했다. 아메리카를 장악해 식민지로 만들고 제국을 건설했듯이.

우리가 역사를 돌아보는 방식에 흥미로운 왜곡이 일어나는 순간이 바로 이 지점이다. 이들 유럽 국가가 더 부유하고 더 강해지면서 낡은 귀족 질서를 깨기 시작했을 때, 이들은 이제 과거와 단절했다고 생각했다. 전통 세계를 거부하고 근대 세계를 열었다는 뜻이다. 자신이 식민지로 만들고 있는 아시아를 퇴보하고 전통적이라고 생각한 것이다. 그들의 생각에 따르면 이제 아시아 국가들은 좀 더 서구화됨으로써 자유로워질 수 있었다.

서양 사상가들은 중국을 진화의 초기 단계에 갇힌 나라로 보는 이런 시각을 여러 세대에 걸쳐 고착시켰다. 독일 철학자 게오르크 빌헬름 프리드리히 헤겔Georg Wilhelm Friedrich Hegel, 1770~1831 은 중국인들을 자연과의 영속적 조화에 뿌리를 둔 사람들로 묘사했다. 그는 유럽인들처럼 이성적이고, 자아를 인식하고, 자연계를 벗어나고, 의식적으로 투쟁과 충돌에 참여해 꾸준히 진보할 때만이 국가가 발전할 수 있다고 믿었다. 독일 사회학자이자 경제학자인 막스 베버Max Weber, 1864~1920는 왜 중국에서는 유럽처럼 자본주의가 출현하지 않았는지 고민했다. 그러면서 일련의 선험적 원칙이 부족한 탓이라고 결론 내렸다. 그는 유교와 프로테스탄트는 그 바탕이 되는 철학이 매우 달랐는데, 이 때문에 중국은 세상에 적응했고, 서양은 세상을 바꾸려 했다고 주장했다.

그러나 유럽이 물려받은 것 중 상당 부분이, 그리고 그에 따라 당연히 21세기 세계의 상당 부분이 고대 중국의 문화에 뿌리를 두고 있다는 사실은 의심의 여지가 없다. 능력을 가늠하는 시험(미국 대학 입학에 사용되는 표준 시험인 SAT 등)의 기본 개념은 궁극적으로 중국으로 거슬러 올라간다. 모든 사람에게 동등하게 적용되는 법도 중국에서 왔고, 교육받은 지식층이 운영하는 관료제도 마찬가지다.

그리고 유럽이 중국에서 배운 것과 관련해 한 가지 덧붙일 사실이 있다. 그들이 배운 사상 가운데 효과를 발휘한 것은 딱 하나, 묵자와 그 제자들의 사상, 즉 법가 사상이다. 유럽 전역에 퍼진 이 사상은 인간을 보편적 법에 기초한 합리적 법체계를 운영하는 합리적 행위자로 묘사했다. 이들이 시험으로 측정하려 한 것은 능력이지, 도덕적 선이나 도덕적 수양이 아니다. 이런 묵가 사상은 도덕적 틀에서 나왔는데, 이들은 이 틀을 마음 깊이 새겼고, 거기에 관료 정부를 구성하는 방법에 관한 미래상이 들어 있다고 보았다. 법가는 우리가 생각하는 근대적이고 합리적인 국가가 출현하는 데 핵심이 되었다. 반면에 도덕적 수련, 인仁, 자기 수양과 관련한 사상은 서양에서 간과되었다.

그러다 보니 아시아의 국가 운영 형태를 모방하되 그것을 적용하는 방식은 달랐다. 중국에서는 정치권력에서 부를 분리해,

교육받은 지식층이 주도하는 능력 위주 사회를 만들고자 했다. 그러나 서양에서는 부와 정치권력을 가능한 한 많이 끌어들여 귀족 사회를 해체하는 전략을 썼다. 부를 획득해 사회 이동을 확고히 하고, 이를 이용해 곧장 정치권력으로 다가가는 방법이다. 서양에서 사회 이동의 동력은 교육이 아니라 부였고, 국가가 아니라 경제였다. 이는 귀족 사회를 무너뜨리는 방법 중 하나지만, 유일한 방법은 아니다.

인간의 과거 역사를 모두 '전통적'이라고 생각한다면, 다른 사상에서 배움을 얻을 기회를 놓치게 된다.

우리는 지구 상의 모든 사상이 다시 활기를 띨 때 새로운 시대를 창조할 수 있다. 개인적·사회적 위기에 직면한 오늘날, 그런 여러 사상이 절호의 기회가 될 수도 있다.

서양은 아시아의 사상을 어떻게 바라보는가

이 책을 읽는 사람 중에는 아시아의 사상이 이미 서양에서 활기를 띠고 있다고 생각하는 사람도 있을 것이다. 불교는 수십 년

전부터 서양에서 선풍적 인기를 끌면서 명상이니, 마음챙김이니, 칩거니 하는 온갖 불교 관련 활동이 성행했다. 거창한 서양 사상에 실망해 오래전부터 공허감을 느낀 많은 서양인이 삶을 좀 더 만끽할, 실행 가능한 다른 방법을 모색했던 탓이다.

그러나 불교를 서양의 사고방식으로, 서양의 본보기로 그대로 가져다 쓰는 것이 과연 적절한가와 관련해 중대한 문제가 있다. 처음에 불교는 서양인의 야심과 탐욕을 치료할 해독제로 보여 꽤 매력적이었다. 불교와 동양은 스트레스에 시달리는 탐욕스러운 서양과 정반대라는 식으로 미화되었다. 그러나 서양은 불교의 상당 부분을 오해해, 서양 사고에서 개별 자아를 바라보는 위험한 시각을 더욱 악화시키고 말았다.

한 예로, 마음챙김을 보자. 그 기본 개념은 자아에 집착하지 말고 모든 순간과 세계를 판단 없이 바라보자는 것이다. 마음챙김은 정신없는 삶에 평화와 안정을 가져다주는 기술인 양 널리 선전되었다. 요즘에는 경영대학원이나 기업, 군대에서도 생산성과 효율성을 높이는 도구로 홍보하기도 한다.

그러나 마음챙김의 목적은 자아 '해체'다. 불교의 근본 교리는 '무아無我'이며, 불교의 수련은 전반적으로 어떤 종류든 개별 자아가 존재한다는 생각을 없애기 위한 것이다. 그런데도 불교의 이런 부분은 무시한 채 서양에서는 내면을 들여다보고 자아를 끌어안는다는 식으로 불교가 왜곡되어왔다. 그러면서 불교는 일종의 이국적인 자기 계발 도구가 되었다. 요컨대 무아의 교리를 사람들의 자기만족에 이용한 것이다.

최근에는 아시아의 다른 사상도 일관된 사상 체계로 재해석되고 있다. 도교도, 심지어 유교도 그렇다. 이런 사상은 본래의 강점은 쏙 빠진 채, 세상을 있는 그대로 받아들이고 그 안에서 내 위치를 인정하는 법을 배우는 사상으로 재해석한다.

이런 이상주의적 독해는 동양을 전통적이고 퇴보하는 사회로 보는 서양 시각의 또 다른 단면이다. 이런 식의 재해석에서 아시아는 더 현명하고, 더 통합되고, 더 이상적인 삶의 방식을 알려주는 오래된 지혜를 상징한다. 그러나 진정한 자아를 받아들이고, 세계와 조화를 이루고, 전 세계가 평화롭게 지내는 것에서 만족을 찾는다면 자칫 삶에서 운명을 받아들이고, 삶은 미리 결정되어 있다는 전통적 세계관에 빠질 공산이 크다. 그렇게 되면 바로 우리가 현실에 안주하고 세상에 무심한 인간이 되어 자기 수양 기회를 포기하는 꼴이다.

서양은 이런 개념을 자신들의 세계관에 편입했다. 이 세계관에서는 서양이 역사의 방향을 결정하고 서양의 시각으로 모든 대상을 바라본다. 그러다 보니 세상의 참모습을 보지 못하고 엄청난 잠재력을 간과한다. 그러나 중국의 철학자들이 이제까지 보여주었듯, 태어날 때부터 모든 것이 정해지는 세계를 해체하고 인간의 번영을 꾀하는 세계로 옮겨 가는 방법은 많다.

생각 없음과 현실 안주의 반대는 마음챙김이 아니다. 참여다. 이 책에서 줄곧 언급한 여러 사상은 지극히 실용적이어서, 일상의 세계와 삶에 뿌리를 두고 있다. 이런 사상을 담은 글은 하나같이 수동적 태도를 버리고 우리가 사는 세상을 바꿀 최선의 방법을 묻는다.

분열된 세계의 가능성

이 책에서 다룬 내용 중에는 이미 알려진 것도 많다. 게다가 상당수는 우리가 삶에서 이미 실천하고 있다. 이 책에서 만난 중국 철학자들 덕에 우리는 충동과 행위에 이름을 붙이거나 그것을 의식적으로 지각하게 되었는데, 하마터면 우리가 생각하는 행위와 진실에 맞지 않다는 이유로 무시할 뻔한 것들이다. 이 철학자들은 우리가 스스로를 능동적이라고 생각할 때 사실은 수동적임을, 우리가 스스로에게 솔직하다고 생각할 때 사실은 자신 안에 갇혀 있음을 보여준다. 그리고 세상은 예측 불가능하다고, 우리는 진짜를 추구할 때가 아니라 가상 의식을 치르듯 살아갈 때 성장한다고 가르친다.

이들은 좋은 삶을 구성하는 요소에 대해 모두 다른 생각을 가지고 있었다. 하지만 우리를 한데 묶어주는 불변의 과거가 있다거나, 우리가 충실해야 하는 통일된 우주 질서가 있다거나, 우리가 지켜야 하는 합리적 법이 있다거나, 우리가 명심해야 하는 예전부터 내려오는 윤리적 교리가 있다는 생각에는 다들 반대했다.

이들이 우리에게 던진 과제는 이렇다. 세상에 진실은 없다고 생각한다면 삶은 어떤 모습일지 생각해보라.

일관되고, 안정되고, 불변하는 세계를 건설하려는 우리 시도는 여러 형태로 나타난다. 누군가는 묵자처럼 보편적인 윤리 법칙을 만들려 할 것이다. 칸트처럼 주변 상황에 관계없이 우리가 지켜야 할 합리적이고 도덕적인 법을 만들려고 할 수도 있다. 통일된 우주가 존재하고, 그것과 조화를 이루며 살아야 한다고 생각하는 사람도 있을 것이다. 가장 최근에 나타난 견해는 위대한 진실은 참된 자아에 있으며, 내면에서 진짜 자아를 발견해야 한다는 것이다.

이런 생각이 고대 중국에도 존재했다는 사실을 이제는 우리도 잘 안다. 하지만 중국 철학자들은 세상을 다르게 보았다. 이들은 우리가 분열되고 파편화한 세상에 산다고 보았고, 이런 세상에서 사람들은 서로를 항상 지나치게 인간적인 방식으로 대한다고 여겼다. 따라서 우리는 끊임없이 충돌하는 불완전한 관계를 맺으며 살아간다는 게 그들 생각이다.

서양인은 중국의 조상 숭배 의식을 보면서, 중국인은 항상 죽은 자에게 귀 기울이고 그들의 그림자 안에서 살아간다고 생각하는 경향이 있다. 베버 같은 철학자는 그 의식이 그들의 진심이라고 보았다. 그의 해석에 따르면, 그런 의식을 치르는 사람들은 그 의식이 묘사하듯 진심으로 세상은 조화롭다고 믿었다.

그러나 의식에 참가한 사람들은 그 의식이 현실을 반영하지 않는다는 사실을 분명히 알고 있었다. 그들은 자신이 분열된 세상에 살고 있고, 그래서 그런 의식이 필요하다고 생각했다. 그런 의식을 통해 정신없는 현실의 삶을 떠나 상상의 나래를 펼쳤다.

사람들은 이런 의식을 실행하면서 과거를 따르기보다 새로운 미래를 창조했다. 후손들은 가상 의식으로, 주변을 맴도는 영령과 함께하며 새로운 과거를 창조했다. 이는 다분히 현재 진행 중인 과정이었다. 의식 속 조상이 그들 자리를 장악한 적은 결코 없었다.

의식을 계속 반복하는 이유도 바로 이 때문이다. 의식은 시간이 흐르면서 천천히 진전된다. 살아 있는 사람은 의식을 치르면서 이렇게 말하는 셈이다. "과거를 이런 식으로 본다면 우리는 삶을 이렇게 살아갈 수 있다." 그리고 과거를 반복적으로 재구성하는 사이에 삶을 정말 다르게 살기 시작한다.

여기서도 배울 점이 있다. 균열된 세상을 바로잡으려는 시도는 불충분하거나 심지어 실패할 수밖에 없다. 비유적으로 말하면 혼령은, 그리고 좀 더 정확히 말하면 우리 과거는 정도의 차이를 두고 우리를 지속적으로 괴롭힌다. 그러나 우리가 과거에 시달린다면, 또는 관계의 어려움에 직면하거나, 일하면서 어려움에 부딪히거나, 큰 손해를 보거나, 불가피하게 많은 실수를 저지르며 산다면, 그럴수록 조상 숭배 의식에 해당하는 의식을 치를 필요가 있다. 타인에게 느끼는 감정을 꾸준히 수양하면서 더 나은 세상을 만들어갈 수 있다. 과거에, 내면의 부정적인 기운에, 그리고 인간관계의 나약함에 얼마나 많은 제약을 받는지 인정할 때 우리는 관계를 다듬고 바꿔나갈 무한한 잠재력을 지닌다. 서로를 아끼며 살기란 쉬운 일이 아니다. 끊임없는 관심과 적응, 반응이 필요하다. 그러나 그것은 인간이 하는 일 중 대단히 중요하고 보람 있는 일이다.

  분열되고 파편화한 세상에서 질서를 만드는 일은 우리에게 달렸다. 세상을 만들고 다스리는 사람은 바로 우리다. 이때 동원되는 방식은 거추장스러운 인간의 감정과 복잡한 것들, 즉 우리의 본질을 제거하는 것이 아니라 바로 그 거추장스럽고 복잡한 것에서 시작한다. 이는 일상에서 자기 수양으로 가능하다. 주변 사람들과의 관계를 개선하는 의식을 실천한다든가, 몸의 기운을 다스려 좀 더 활기차게 살아간다든가, 마음을 단련해 과감하게 평소와는 다른 결단을 내린다든가, 새로운 경험을 꺼리는 성향을 거부하고 언제든 새로운 것을 받아들이려는 태도를 취한다든가 하는 식이다.

좀 더 나은 세상을 만드는 과정은 끝이 없다. 좀 더 나은 관계를 만들려는 우리 노력에는 끝이 없기 때문이다. 그러나 관계를 개선하는 법을 터득한다면 상황을 바꾸고, 나아가 새로운 세계를 무한히 창조해내는 법을 터득할 것이다. 그리고 좋은 삶으로 안내할 철학적 사고에 담긴 가능성에 열린 태도를 보일 것이다.

세상이 분열되었다면 그만큼 새로운 것을 만들 기회도 많은 법이다. 그것은 우리 삶에서 아주 사소한 것, 모든 것을 바꿀 단초가 되는 것에서 출발한다. 거기서 출발한다면 모든 것은 우리 손에 달렸다.

감사의 글

우선 무엇보다도 여러 해 동안 가르친 수천 명의 학생에게 감사하고 싶다. 그들의 지적 호기심과 열정은 끊임없는 영감의 원천이 되었다.

중국 철학을 다룬 책이 지닌 큰 가능성을 알아봐준 에이전트 길리언 매켄지Gillian MacKenzie, 이 작업을 따뜻한 마음으로 지원해준 발행인 조너선 카프Jonathan Karp, 날카로운 안목과 지치지 않는 열정을 보여준 편집자 프리실라 페인턴Priscilla Painton, 늘 믿음직한 지원과 도움을 아끼지 않은 소피아 지메네즈Sophia Jimenez, 뛰어난 교정자 필 멧캘프Phil Metcalf, 그리고 사이먼앤드슈스터의 뛰어난 홍보마케팅팀의 캐리 골드스타인Cary Goldstein, 리처드 로러Richard Rohrer, 데이나 트로커Dana Trocker에게 감사한다. 그리고 많은 도움을 준 앨리슨 데버루Allison Devereux와 커스틴 울프Kirsten Wolf에게도 늘 고맙게 생각한다. 마시 에이전시Marsh Agency의 커밀라 페리어Camilla Ferrier, 제시카 울러드Jessica Woollard, 제마 맥도나 Jemma McDonagh, 조지나 르 그리스Georgina Le Grice, 그리고 해외에서 이 책을 열정적으로 출간해준 모든 편집인에게 진심으로 감사의 마음을 전한다.

더불어 시간을 내 소중한 의견을 제안해준 영국 바이킹Viking UK의 대니얼 크루Daniel Crewe에게 특별히 감사의 뜻을 전한다. 초고를 보고 날카로운 의견을 제시해준 새뮤얼 더글러스Samuel Douglas, 제니퍼 마귤리스Jennifer Margulis, 로라 시미언Laura Simeon, 그리고 응원을 아끼지 않은 젠 가이더라Jen Guidera, 롤런드 램Roland Lamb, 엘리자베스 멀킨Elizabeth Malkin, 애덤 미첼Adam Mitchell, 캐서린 오즈먼트Katherine Ozment, 지니 석Jeannie Suk도 모두 고마운 사람들이다.

우리 가족에게도 진심으로 고마움을 전한다. 가족의 인내와 응원이 없었다면 이 책은 세상에 나올 수 없었다. 마지막으로 우리 저자 두 사람은 서로에게 무한한 감사를 보낸다. 이 책은 진정한 협력의 결과물이다. 마이클은 수업에서 이 책에서 다룬 철학자들에 대해 토론했고, 크리스틴은 적절한 오늘날의 사례를 더하고 이들의 사상을 요즘 청중에 맞게 설명했다. 그 결과, 우리 두 사람이 따로 작업했다면 나올 수 없었을 훌륭한 책이 탄생했다.

이 책에서 다룬 공자, 맹자, 묵자, 노자, 장자, 순자가 우리에게는 낯설지 않지만 중국사를 전공한 저자 같은 서양인은 이들을 어떻게 해석할까? 그리고 최근에 동양 사상과 종교에 관심이 부쩍 높아진 서양 사회에서는 일반적으로 중국 사상을 어떻게 이해할까? 이런 것들이 궁금한 사람이라면 이 책을 읽어볼 만하다.

또 남들이 공자, 맹자를 어떻게 읽든 바쁜 세상에 그런 것까지 관심을 두고 싶지 않다. 나만 그들의 사상을 이해하고 실천하면 그만 아닌가. 인간성이 메말라가는 사회에 살면서 마음을 흐트러뜨리는 복잡한 일에서 벗어나 '진정한 나'를 찾으려는 노력, 그것이 진정한 도道가 아니겠는가. 직장에서 스트레스에 시달리더라도 주말 만큼은 세상과 떨어져 명상을 하며 진정한 나로 돌아가겠다. 이런 생각을 하는 사람이라면 이 책을 읽어보는 게 좋겠다. 저자는 그런 사고방식 이야말로 중국 사상을 오해한 대표적 사례라 말한다.

21세기다. 공자, 맹자에 매달리는 것은 아무리 그들 사상에 배울 점이 있더라도 시대착오다. 전통 사회의 가치관에서 벗어나지 못한 채 자연과의 조화니, 음양이니, 하늘의 뜻이니 하는 것을 말할 때인가. 혈연, 학연, 지연에 얽매이는 것도 다 그런 전근대적 사고 탓이다. 이성의 시대다. 합리적이고 과학적으로 생각하자. 이렇게 생각하는 사람이라면 이 책에서 전통 사회를 바라보는 그런 오해를 푸는 게 좋겠다.

중국 사상과 관련한 오해는 위에 나열한 대표적 사례 외에도 다양하다. 이는 비단 중국 사상에 낯선 서양인들만의 오해는 아니다. 어쩌면 유교 사상에 가장 큰 영향을 받은 우리 사회가 유교를 비롯한 중국 사상을 가장 크게 오해하는지도 모른다. 유교라고 하면 복잡한 절차와 격식, 까다로운 예의범절부터 떠오르는 사회에 살다 보니 그것을 시대착오라고 생각하는 것도 무리는 아니다. 하지만 그런 절차와 격식 중에는 시간이 흐르면서 왜곡되어 생긴, 유교와는 거리가 먼 것들도 많다. 저자는 제례를 비롯한 여러 의식에 이 책의 많은 부분을 할애하면서, 의식의 본질을 밝힌다. 그리고 그런 의식이 일상과 어떤 관련이 있고, 과거에는 왜 그런 '가짜'에 집착했는지 이야기한다.

저자가 바라본 중국 사상은 대단히 참신하고 때로는 혁신적이어서 오늘날의 사회에도 꽤 요긴하다.

중국 사상가 중에 누구도 세상에서 떨어져 나를 수양하라고 말하지 않았다. 공자는 일상생활에서의 사소한 예를 말했고, 노자 역시 일상에서 도를 실천하라 했다. 세상에는 변치 않는 참된 진실이 있다는 생각은 허상이다. 세상은 늘 변하기 마련이며, 나도 상황에 따라 변한다. 진정한 나, 변치 않는 나 따위는 없다. 누구나 마찬가지다. 따라서 내 감정 변화, 주변 사람들의 감정 변화를 잘 살피며 매 순간 적절히 대응하는 기술이 필요하다. 속된 말로 상황에 따라 눈치껏 살라는 이야기다. 상대의 감정을 잘 읽는 기술과 배려가 쌓여 대인관계가 변하고, 사회가 변하고, 세상이 변한다. 꽤 유용한 처세술이 아닌가.

이 책이 다룬 중국 사상가들은 세상을 바라보는 시각이 서로 달랐지만, 한목소리로 '일상생활에서 변화를 추구하고, 일상에서 나를 수련할 것'을 주문한다. 노자의 사상을 어려운 철학 용어로 옮길 수도 있지만, 인간의 타고난 바탕에 대한 맹자와 순자의 상반된 관점을 두고 심오한 토론을 벌일 수도 있지만, 중국 사상가들이 말한 것은 사실 그렇게 거창하지 않았다. 공자는 자리를 잘 정돈한 뒤에 앉았으며, 늘 자세를 바로 했고, 밥을 먹을 때는 한눈팔지 않고 열심히 밥을 먹었다. 《장자》에 나오는 백정인 포정은 날마다 소를 잡으면서 도를 터득했다. 저자가 새삼 강조하는 이런 생활 속 작은 실천이 저자의 강의를 듣는 하버드 학생들에게 큰 울림을 주었듯 중국 사상에 익숙한 우리에게도 꽤 유용하고 소박한 처세가 아닐까 싶다.

이 책에 언급한 중국 철학 문헌의 원본을 보고 싶다면 아래의 무료 전
자책을 참고하라. 킨들Kindle, 누크Nook, 아이북 스토어iBook Store에서 볼
수 있다.

《공자, 맹자, 노자, 장자, 순자: 〈The PATH〉에 인용한 중국 철학 문
헌Confucius, Mencius, Laozi, Zhuangzi, Xunzi: Selected Passages from the Chinese Philosophers
in The Path》

이 책에서 인용한 글은 대다수가 오랜 세월 동안 여러 저자를 거치
면서 다양한 방식으로 편집되었다. 그러나 그 글들은 긴 세월에 걸쳐
해당 철학자 한 사람의 사상을 대표하는 일관된 문헌으로 많은 사람
이 읽고 토론해왔다. 우리는 가독성을 위해 문헌의 제목 대신 주요 철
학자의 이름을 쓰는 전통을 따랐다. 이를테면 "《맹자》에서 주장하는
바에 따르면"이 아니라 "맹자의 주장에 따르면"으로 쓰는 식이다.

우리가 다룬 철학자들의 글을 선별해 모은 훌륭한 저서로는 필립
아이반호Philip J. Ivanhoe와 브라이언 반 노든Bryan W. Van Norden이 공동으로
쓴《중국 철학 고전 독본Readings in Classical Chinese Philosophy》(Indianapolis:
Hackett, 2005)가 있다.

영역 완역본으로 추천할 만한 책은 아래와 같다.

Burton Watson, trans., 《*The Complete Works of Zhuangzi (Translations from the Asian Classics)*》 (New York: Columbia University Press, 2013).

D. C. Lau, trans., 《*The Analects*》 (New York: Penguin Books, 1979).

《*Mencius*》 (New York: Penguin Books, 2005).

《*Tao Te Ching*》 [by Lao Tzu] (New York: Penguin Books, 1985).

Harold D. Roth, 《*Original Tao: Inward Training (Nei-yeh) and the Foundations of Taoist Mysticism (Translations from the Asian Classics)*》 (New York: Columbia University Press, 2004).

철학의 시대
더 읽어볼 만한 책

Jared Diamond, 《*Guns, Germs, and Steel: The Fates of Human Societies*》 (New York: W. W. Norton, 2005).

Ian Morris, 《*Why the West Rules—for Now: The Patterns of History, and What They Reveal About the Future*》 (New York: Farrar, Straus and Giroux, 2010).

공자
광범위한 철학적 관점에서 본 '가상 의식'에 관하여

Hans Vaihinger, 《*The Philosophy of 'As if': A System of the Theoretical, Practical and Religious Fictions of Mankind*》, translated by C. K. Ogden, 2nd ed. (New York: Harcourt, Brace and Company, 1935).

Adam B. Seligman, Robert P. Weller, Michael J. Puett, and Bennett Simon, 《Ritual and Its Consequences: An Essay on the Limits of Sincerity》 (New York: Oxford University Press, 2008).

공손한 표현please과 고마움을 나타내는 말thank you의 역사에 관하여
David Graeber, 《Debt: The First 5,000Years》 (Brooklyn, NY: Melville House, 2011).

노자
링컨에 관하여
Garry Wills, 《Lincoln at Gettysburg: The Words That Remade America》 (New York: Simon & Schuster, 1992).

대통령의 거수경례에 관하여
Garry Wills, 《Bomb Power: The Modern Presidency and the National Security State》 (New York: Penguin Books, 2010).

내업
자기 신격화에 관하여
Michael J. Puett, 《To Become a God: Cosmology, Sacrifice,

and Self-Divinization in Early China》 (Cambridge, MA: Harvard University Asia Center, 2002).

장자
몰입에 관하여
Mihaly Csikszentmihalyi, 《*Flow: The Psychology of Optimal Experience*》 (New York: Harper & Row, 1990).

순자
손 씻기에 관하여
Sherwin B. Nuland, 《*The Doctors' Plague: Germs, Childbed Fever, and the Strange Story of Ignac Semmelweis*》 (New York: W. W. Norton, 2003).

THE
PATH